日本よ、国家たれ！

元台湾総統
李登輝守護霊
魂のメッセージ

大川隆法
RYUHO OKAWA

本霊言は、2014年2月13日、幸福の科学総合本部にて、
質問者との対話形式で公開収録された（写真上・下）。

まえがき

元台湾総統李登輝《りとうき》さんの守護霊メッセージである。

その熱いメッセージを霊言している間、私自身も、不覚にも三度ほど泣きそうになった。日本人が忘れ去った武士道精神。日本から正式な国交は切られながらも、心はあくまでも日本人として生き続けている。韓国や中華人民共和国に強力なパンチを放ちつつも、日本人を鼓舞《こぶ》し続けている。

九十一歳にして、まだ「日本よ、国家たれ！」と魂の叫びを轟《とどろ》かす李登輝元総統の姿に、天下三分の計ならずして散った孔明と並び称された名軍師龐統《ほうとう》や、塚原卜伝直伝《ぼくでんじきでん》の一の太刀《たち》を学んだ十三代足利将軍の剣豪ぶりを感じるのは、私一人ではないかもしれない。

惜しい人である。もっと世界的に活躍させてあげたかった。元社会党党首の村山首相にかわって、李登輝さんのほうに日本の総理になってほしかったぐらいだ。願わくは、台湾に頼りにされ続ける日本であり続けたいものだ。

二〇一四年　二月十八日

幸福《こうふく》の科学《かがく》グループ創始者兼総裁《そうししゃけんそうさい》　大川隆法《おおかわりゅうほう》

日本よ、国家たれ！　元台湾総統 李登輝守護霊 魂のメッセージ　目次

日本よ、国家たれ！
元台湾《たいわん》総統 李登輝《りとうき》守護霊《しゅごれい》 魂《たましい》のメッセージ

二〇一四年二月十三日　収録
東京都・幸福の科学総合本部にて

「霊言現象《れいげん》」とは、あの世の霊存在の言葉を語り下ろす現象のことをいう。これは高度な悟《さと》りを開いた者に特有のものであり、「霊媒現象《れいばい》」（トランス状態になって意識を失い、霊が一方的にしゃべる現象）とは異なる。外国人霊の霊言の場合には、霊言現象を行う者の言語中枢《ちゅうすう》から、必要な言葉を選び出し、日本語で語ることも可能である。

また、人間の魂《たましい》は原則として六人のグループからなり、あの世に残っている「魂の兄弟」の一人が守護霊《しゅごれい》を務めている。つまり、守護霊は、実は自分自身の魂の一部である。したがって、「守護霊の霊言」とは、いわば本人の潜在《せんざい》意識にアクセスしたものであり、その内容は、その人が潜在意識で考えていること（本心）と考えてよい。

なお、「霊言」は、あくまでも霊人の意見であり、幸福の科学グループとしての見解と矛盾《むじゅん》する内容を含《ふく》む場合がある点、付記しておきたい。

日本よ、国家たれ！
元台湾《たいわん》総統 李登輝《りとうき》守護霊《しゅごれい》魂《たましい》のメッセージ

二〇一四年二月十三日　収録
東京都・幸福の科学総合本部にて

李登輝《りとうき》（一九二三〜）

台湾《たいわん》（中華《ちゅうか》民国）の政治家、農業経済学者。元台湾総統。日本統治下の台湾に生まれ、京都帝国《ていこく》大学農学部に入学したが、学徒出陣《しゅつじん》で出征《しゅっせい》。終戦後は台湾大学農学部に編入学した。卒業後、アメリカのコーネル大学等に学び、博士号を取得。その後、政界に進出し、台北《タイペイ》市長等を経て台湾総統に就任。一九九六年には史上初の直接選挙での総統となった。日本語に堪能《たんのう》な親日家。『台湾の主張』『最高指導者の条件』等、日本での著作も多い。

質問者　里村英一《さとむらえいいち》（幸福の科学専務理事〔広報・マーケティング企画《きかく》担当〕）

及川幸久《おいかわゆきひさ》（幸福実現党外務局長）

藤井幹久《ふじいもとひさ》（幸福の科学国際本部国際政治局長）

［質問順。役職は収録時点のもの］

1　李登輝《りとうき》・元台湾《たいわん》総統の守護霊《しゅごれい》を招く

「日本の植民地時代の台湾《たいわん》」を知っている李登輝《りとうき》元総統

大川隆法　日本を取り巻く外交問題がいろいろとあり、それは主として中国や韓《かん》国《こく》、北朝鮮《きたちょうせん》辺りに関するものです。その国を、直接、相手にすることも大事だとは思いますが、場所を変えて、台湾《たいわん》辺りからの意見を聴《き》いてみてもよいのではないかと思っています。

今日（二〇一四年二月十三日）は、かなり前から「やろう」と思いながら、まだやっていなかった、李登輝《りとうき》元台湾総統の守護霊霊言《しゅごれいれいげん》を収録したいと考えています。李登輝さんは、今、九十一歳《さい》で、まだ生きておられるのですが、その守護霊の意見を聴いてみたいのです。

韓国や北朝鮮が日本の植民地化していた時代に、台湾も同じく植民地になっていましたが、そのときの日本の統治は、どうだったのでしょうか。あるいは、日本軍は、どうだったのでしょうか。

この人は、「従軍慰安婦《じゅうぐんいあんふ》だった」と言っている人たちと同じか、それより少し上ぐらいの年代なので、「時代の生き証人」として、真実を知っているはずです。

また、一部、日本人的な教育を受け、日本的感覚も持ちながら、日本人ではない眼《め》を持っていると思われます。

それから、中国や韓国、北朝鮮についても、意見を必ず持っているでしょうし、日本に対しても、建設的な意見と批判的な意見と、両方を持っているはずです。

したがって、この人の意見は、今、本当に貴重《きちょう》なのではないかと考えています。

この人は、一般《いっぱん》に親日派と考えられており、北京語《ペキン》よりも日本語のほうが上手な方《かた》です。飛行機に奥様《おくさま》と二人で乗っているところを見た人の話では、「奥さんと二人のときには日本語で話している」とのことで、「北京語は、どちらかというと苦手で、台湾の言葉のほうだったら話せる」ということのようです。

台湾で小学校（名称《めいしょう》は公学校）から日本語を習い、台湾の中学校や高校に通ったのち、京都大学に進み、そのあと、台湾の大学を経てアメリカのコーネル大学等に行っておられます。

日本語、英語、それから台湾語をお使いになる方ですが、日本語に関しては、日本人より、よっぽど造詣《ぞうけい》が深いぐらいで、●西田幾多郎《にしだきたろう》の著作を愛読していた方なのです。現代の日本人には、西田幾多郎の著作を愛読することは、かなり難しいレベルではないでしょうか。

●西田幾多郎〈1870 ～ 1945〉京都大学教授を務めた哲学者。『善の研究』等の著書で知られる。

霊言《れいげん》収録の前夜に現れた、朴槿恵《パククネ》韓国《かんこく》大統領の「生霊《いきりょう》」

大川隆法　昨日《きのう》（二〇一四年二月十二日）、幸福の科学のウェブ番組「THE《ザ》 FACT《ファクト》」の最新のもので、十五分ぐらいのバージョンを、DVDで送ってくれたので、夜、それを観《み》ました。

それには、フランスの「アングレーム国際漫画祭《まんがさい》」に、日本の従軍慰安婦を描いた作品が韓国《かんこく》から出され、韓国の大臣が行って、それを宣伝している姿が映っていました。向こうから言うと、日本の〝悪行《あくぎょう》〟を宣伝していたわけです。

一方、それに対抗《たいこう》して日本から出そうとしたものについては、「政治的だ」と言われ、展示ブースを撤去《てっきょ》させられていました。

「THE FACT」では、そういうことを追及《ついきゅう》していましたし、アメリカの「従軍慰安婦の碑《ひ》」に対する批判もしていました。

そのあと、寝《ね》る前には、「李登輝さんの守護霊霊言《れいげん》を収録しよう」と思っていたせいか、韓国大統領の朴《パク》槿《ク》恵《ネ》さんの生霊《いきりょう》がお出《い》でになりました。

夜寝る前から、「何かが来て、頭に被《かぶ》さっている感じがする。何かがいる」と思って、『正心法語《しょうしんほうご》』（幸福の科学の根本経典《こんぽんきょうてん》）のCDをかけたら、案《あん》の定《じょう》、朴槿恵さんでした。

彼女の生霊は、今日の収録について、「絶対に邪魔《じゃま》してやる。李登輝なんかには、しゃべらせない。ろくでもないことを言うだろう。韓国にとって、まずいことを言うだろうから、やらせたくない。何なら、私の霊言をやろうか」というようなことを言ったのですが、

「THE FACT」
マスコミが報道しない「事実」を独自取材で伝える、幸福の科学のネット・オピニオン番組。
アングレーム国際漫画祭でのスクープ映像は、テレビの討論番組でも引用された。
（本書P.87参照）

私のほうとしては、「朴槿恵さんとバトルをしたい人は、ほかにもいるから、ちょっと待ってほしい」ということであるわけです。

そのため、一晩、〝夢〟のなかでは、かなりうなされました。

朴槿恵大統領の言っていることが、正しいか、正しくないか、李登輝さんは体験なされているはずです。

この人のお兄さんも靖国《やすくに》神社に祀《まつ》られているので、ご自身も靖国神社を参拝《さんぱい》されています。朴槿恵大統領と考え方は違《ちが》うでしょうし、ご本人はクリスチャンですが、日本に来ると、靖国参拝をされるのです。

朴槿恵さんは、聖心《せいしん》女子学院の〝韓国版〟（イエズス会系の聖心女子中学校・聖心高校）の卒業生で、クリスチャンであろうとは思うのですが、同じくクリスチャンであっても、考えには違うところがあるようです。

「日本の植民地統治」は、どういうものであったのか。「日本軍」は、どういうものであったのか。「日本の教育」は、どういうものであったのか。「外交」について、日本は、どうあるべきなのか。

やはり、李登輝さんの意見を聴きたいものです。

韓国《かんこく》へ謝《あやま》りに行った村山富市《むらやまとみいち》元首相

大川隆法　村山富市《むらやまとみいち》元総理が、韓国《かんこく》の野党に呼ばれ、一昨日《おととい》（二〇一四年二月十一日）から韓国に行っていますが、一生懸命《いっしょうけんめい》、謝《あやま》って回り、「村山談話は、私個人の意見ではなく、閣議において満場一致《いっち》で決まったもので、誰《だれ》からも意見が出なかったのだ。日本の総意なのだ」というようなことを言っていました。

朴大統領と会いたがったようですが、「大統領は格が違う」ということで、ランクを下げられ、今日、韓国の首相と話をするようです。

このように、日本の元首相が韓国へ謝りに行っているわけで、最近、元首相二人がやっと〝沈《しず》んだ〟ところなのですが（注。二〇一四年二月九日に投票が行われた東京都知事選挙に、小泉純一郎《こいずみじゅんいちろう》元首相の支援《しえん》を受けて、細川護熙《ほそかわもりひろ》元首相が立候補したが、細川候補は落選した）、この村山元首相は、八十九歳にもなって、まだ元気なようです。

この人と、元副総理の河野洋平《こうのようへい》氏、この二人にも一緒《いっしょ》に〝沈んで〟もらわないといけないでしょう。あまり元気でおられると本当に困るように感じるのです。

元台湾《たいわん》総統、李登輝氏の守護霊を招霊《しょうれい》する

大川隆法　とりあえず李登輝さんの守護霊を呼んでみます。いろいろなことについて、考え方を訊《き》いてください。日本に期待することもあれば、日本に対する厳しい意見もあるかもしれません。

（合掌《がっしょう》し、瞑目《めいもく》する）

では、元台湾《たいわん》総統にして、偉大《いだい》な政治家でもあります、李登輝さんの守護霊をお呼びしたいと思います。

李登輝元総統の守護霊よ。

幸福の科学総合本部に降りたまいて、その本心を明かし、われらに、日本のあるべき姿、日本の過去の姿、その他《た》さまざまな国際情勢に関するご意見等を、明らかにしてくだされば、幸いでございます。

どうか、日本の人々のために、正しい歴史認識や考え方等をお教えくださいますよう、心の底よりお願い申し上げます。

李登輝元総統の守護霊の光、流れ入《い》る、流れ入る、流れ入る。

（約十秒間の沈黙《ちんもく》）

2 朴槿惠《パククネ》・韓国《かんこく》大統領に対して「情けない」

本能と衝動《しょうどう》で動く韓国《かんこく》・朴《パク》大統領に見る「韓国の人材不足」

里村　おはようございます。

李登輝守護霊　うーん。

里村　李登輝元総統の守護霊様でいらっしゃいますでしょうか。

李登輝守護霊　まあ、呼ばれた以上、そういうことだろうねえ。

里村　ああっ、たいへん光栄でございます。

李登輝守護霊　うーん。

里村　本日は、日本でも多くの方から尊敬されている李登輝元総統の守護霊様から、歴史認識、国際情勢全般《ぜんぱん》、あるいは、日本のあるべき道、さらには、台湾《たいわん》との関係等、さまざまにお話をお伺《うかが》いする機会を頂きました。まことにありがとうございます。

李登輝守護霊　うーん。言いたいことがいっぱいあるからさ、上手に訊《き》いてくれ。上手にな。

里村　はい。分かりました。それでは、時間の関係もありますので、さっそく本論に入ってまいりたいと思います。

李登輝守護霊　うーん。

里村　まず、ここ最近、かつて、台湾と同じように、日本の統治下にあった韓国《かんこく》の朴《パク》大統領による、いわゆる反日外交が、「度を越《こ》している」とまで言われるほど激しくなっております。

李登輝守護霊　うーん。

里村　しかし、北朝鮮《きたちょうせん》の現状を見るかぎり、はたして、これが正しいことなのでしょうか。いろいろな見方があると思われますけれども、李登輝元総統の守護霊様は、朴大統領の反日外交を、どのようにご覧になっていますか。

李登輝守護霊　まあ、ああいうのを奥《おく》さんにもらわんでよかったよ、ほんとに（会場笑）。ハッ！　もう、ただの悪女《あくじょ》だわのう。

里村　悪女！

李登輝守護霊　それも、わがままで、気まぐれで、理性がなくて……。ねえ？　衝動《しょうどう》のままに動いている。本能と衝動で動いてるよな。

里村　はい。

李登輝守護霊　だから、大統領の器《うつわ》ではないわのう。「親が大統領だった」というだけでなったような人だから、まあ、韓国の人材不足を露《ろ》呈《てい》してるんじゃないかねえ。

里村　ああ。

反日を掲《かか》げる情けない韓国《かんこく》に「足りないもの」とは

李登輝守護霊　もう、情けないわな。少なくとも、一国のトップとしては、まあ……、落ちるわねえ。はっきり言って申し訳ないけども、情けない。

『韓国 朴正熙元大統領の霊言』（幸福実現党）

朴正熙（1917～1979）韓国第５～９代大統領。日韓基本条約の締結を行い、「漢江の奇跡」と呼ばれる高度経済成長へと結びつけた。朴槿恵大統領の父。

自分らの非力《ひりき》さをねえ、全部、何十年も前の日本の責任にして押《お》しつけてやってるけど、現在ただいまの問題は、自分らがつくっとるんだろうよ。「七十年以上前にこうだった」とか言ってるけど、同じように統治されても、台湾はそうじゃないよ。

私も含《ふく》めて、「日本は立派な国だ」と思ってるよ。感謝もしてるしねえ。

里村　はい。

李登輝守護霊　うーん。同じように統治されて、統治の方針が違《ちが》ったとは思ってないよ。

まあ、「それをどう感じるか」は、国民性の問題だろうし、政治家の資質だろうね。

だから、まあ、「情けない」の一語に尽《つ》きるわな。（韓国《かんこく》は）国内問題をたくさん抱《かか》えておるんだろうよ。それを、全部、日本の責任に持ってこようとしているわけだけど、「反日を掲《かか》げておれば、国がまとめられる」っていうのは、ヒトラーのナチズムと何が違うんだね？　ユダヤ人排斥《はいせき》運動と変わらんじゃないか。

結局、彼らは、「日本の軍国主義は、ヒトラーのナチズムみたいなものだ」というふうに持っていきたいんだろう？　たぶんな。そういうことだろう？「そしたら、全部、解決する」と思っているんだろう？

どっこい、そうはいかんよ。

日本のせいにしたって、解決しないものはあるさ。歴代の韓国の連綿と続く大統領を見てみろよ。ろくなのがいないよ。自殺したり、逮捕《たいほ》されたり、殺されたり、もう、そんなのばっかりじゃないか！　ろくでもないのばっかりだよ、本当にねえ。

情けない。実に情けないわな。

やっぱりねえ、〝自分自身〟がないんだよ、あの国にはな。それが、駄目《だめ》だわなあ。〝自分自身〟がないっていうか、「本当の意味の自尊心」がない人間は、人に感謝することもできないんだよ。全部、人のせいにする。なあ？

同じ親の下《もと》に育っても、きょうだいで違うことはあるだろう？

ささやかなことにも感謝する子供もおれば、ものすごくしてもらっても、親を恨《うら》むような子もいるしさあ。いろいろあるけど、まあ、そんなようなもので、その出来・不出来については、よく見分けないといかんわな。

台湾《たいわん》の発展に尽力《じんりょく》した日本に対する「心からの感謝」

李登輝守護霊　日本は、台湾《たいわん》統治に関しては、本当に第一級の人材を、惜《お》しみなく送ってくれたわなあ。

つまり、児玉源太郎《こだまげんたろう》大将を台湾の総督《そうとく》として送ってくれたし、後藤新平《ごとうしんぺい》市長もそうだけど、ああいう人は第一級の人たちだよな。それから、国連（国際連盟）の事務次長もやった新渡戸稲造《にとべいなぞう》とかね。ああいう、日本人を代表するような一級の人たちを送ってきたから、台湾はものすごく発展したし、よくなったわなあ。

それから、日本人でも知らないだろうけど、八田《はった》さんって言ったかねえ。あの技師の……。

里村　八田與一《よいち》さんですか。

李登輝守護霊　そうそう。八田與一さんね。あの人は、むしろ、台湾のほうで有名で、日本人では、もう誰《だれ》も知っている人がいないかもしれないけどども、「あの

── 台湾の発展に尽くした日本人たち ──

児玉源太郎
(1852 ～ 1906)
第４代台湾総督。後藤新平とともに台湾の統治体制を確立。

新渡戸稲造
(1862 ～ 1933)
後藤新平により招聘。臨時台湾糖務局長。サトウキビ生産と製糖事業推進で、台湾の主力産業化に尽力。

後藤新平
(1857 ～ 1929)
台湾総督府民政長官。綿密な現地調査に基づく経済計画策定やインフラ整備を行う。

八田與一
(1886 ～ 1942)
水利技術者として、各都市の上下水道や灌漑設備の整備、ダム建設等に貢献した。

烏山頭《うさんとう》ダム
八田與一が手がけた巨大ダムによって、現地の農業生産量は飛躍的に増加した。

大正道路（台南市）
両側に鳳凰木並木が続く広々とした都市道路が整備され、快適な交通環境が整った。

人が、ダムをつくり、用水路をつくり、台湾という国の発展のために基礎《きそ》をつくってくれた」っていうことに対して、私たちは感謝してやまないよ。だから、今の韓国人は、「侮日《ぶにち》」、「反日」で、「(日本人は)目茶苦茶《めちゃくちゃ》な差別論者で、他国人を奴隷《どれい》みたいに扱《あつか》った」みたいな言い方をするけど、そんなことは、決してなかったよ。

私も、日本統治時代の小学校だけども、先生の三分の一は台湾人だった。教育は、日本語でやっていましたけども、台湾人を学校の先生にしているんですから、奴隷なんかじゃありませんよ。本当に奴隷だったら、そんなふうに使うわけがないじゃないですか。

「正しい歴史認識」を持っていないことを暴《あば》かれる韓国《かんこく》

李登輝守護霊　それから、台湾だけではなくて、韓国《かんこく》や北朝鮮、つまり、朝鮮半島にも、先の大戦で、日本軍として戦った人はたくさんいるけれども、その当時、海軍兵学校、陸軍士官学校、その他、軍人養成の学校への入学は、十倍、二十倍、いや、それ以上のものすごい倍率だったので、名誉《めいよ》なことだった。地位もあったし、名誉もあったし、それに、憧《あこが》れだったので、自ら喜んで日本軍人になりたがってたんだ。

そういうところを全部、帳消しにして、「無理やりに、強制的にやらされた」みたいな言い逃《のが》れをしているんだから、「正しい歴史認識」を持っていないのは、向こうのほうだ。

私は、もちろん、戦争が終わる前に、いちおう、日本軍にも籍《せき》を置いたことがあるし、日本の教育も受けてはいる

海軍兵学校（広島・江田島）

陸軍士官学校（東京・市ヶ谷）

けど、やっぱり、当時の日本軍の立派さっていうのは、「世界最高水準」だと思うね。あのレベルまで行ってる軍隊はなかったと思う。

里村　どういう点が？

李登輝守護霊　いやあねえ、それは、頭もよく、体も訓練されて強く、道徳意識もすっごく高かったですから。尊敬されてたよ。本当に尊敬されてたよね。国民からも、それから、植民地の人たちからも、尊敬されてた。

それから、朝鮮半島から来た人でも、私みたいに台湾から来た人でも、ちゃんとした学校に入り、あるいは、そうした軍の地位に就《つ》いたら、それ相応の、士官としての扱いを受けるような状態になってましたからねえ。

だから、日本人は、非常に公平で、欧米人《おうべい》のような差別主義者じゃなかったです。
このへんを、全部、引っ繰《く》り返して、嘘《うそ》で塗《ぬ》り固めるっていうのは、許しがたい暴挙ですよ。歴史認識が足りないのは、あっちのほうだ。

里村　ああ、なるほど。韓国の朴大統領のほうが足りないと。

李登輝守護霊　まったく歴史を知っていないですよ。あのねえ、自分らにとって都合《つごう》の悪いことを、全部隠《かく》して、ほっかむりし、すべて日本のせいにして済ませてるんだよ。

里村　そうですね。

李登輝守護霊　さらに、過去が恥《は》ずかしいだけじゃなくて、現在も恥ずかしい状《じょう》況《きょう》だ。（韓国は）それまでも、ずっと独立国家なんかではなかったんだよ。中国の属国で、中国に朝貢《ちょうこう》外交ばっかりし、おべっかを使って、毎年、中国に美女を二千人も贈《おく》るようなことをしていたのは、自分たちだ。そういう文化を持ってたのは自分たちだよ。

日本は、そういうことを求めませんよ。そんな国じゃなかったですよ。

結局、自分らがやってきたことを、全部、日本のせいに持ってきているんです。

卑《ひ》怯《きょう》だよ。許せないね。

里村　はい。

3　従軍慰安婦《じゅうぐんいあんふ》の強制など「ありえない！」

日本軍に所属した経験から出る「日本に対する真実の言葉」

里村　今、日本における台湾《たいわん》統治のお話もお伺《うかが》いできたのですが、今、韓国《かんこく》の朴《パク》大統領が言っているのは、具体的な事例で言いますと、まず一つ目として、「従《じゅう》軍慰安婦《ぐんいあんふ》」のところです。「従軍慰安婦として、強制的に連行して、性奴隷《どれい》にし、殺した」と……。

李登輝守護霊　あんなバカげた話をねえ、まともにする外国があるっていうことが、私は、本当に、心外というかねえ。まあ、良心のある、良識のある人の発言ができないのかと思って、本当に残念な思いでいっぱいですよ。

「二十万人もの人を強制連行し、軍に付属させて連れて回った。日本人は、アヘンの注射までして、少女を暴行し続けた」なんていう……。

里村　はい。

李登輝守護霊　こういうことを言うやつは、日本刀でぶった斬《ぎ》ったほうがいいよ。あのねえ、許せんわ。

　私は、日本軍に所属した者として言うけど、ありえないことですよ。こんなことは、断じてありえない。

　いや、本当に、靖国《やすくに》に祀《まつ》られている、あの

『神に誓って「従軍慰安婦」は実在したか』
（幸福実現党）

……、（涙《なみだ》ぐみながら）あなたがたの先祖に対して、「申し訳ない」と思わなきゃ駄目《だめ》ですよ！

里村　はい。

李登輝守護霊　本当に！

里村　はい！

李登輝守護霊　お国のために、一生懸命《いっしょうけんめい》、戦って、守った人たちです。

私たち台湾人も日本の統治下に置かれたけども、そのおかげで、台湾は、戦後、豊かで、安定的で、平和な国を享受《きょうじゅ》することができましたよ。中国なんかに支配されてたら、大変だったと思いますよ。

台湾と北京《ペキン》政府との経済格差が、ものすごく開《ひら》いたために、もう日本だけのせいにしていられなくなって、やっと、鄧小平《とうしょうへい》以下、方針を変えたんでしょう？

だから、やってたことは日本のほうが正しいんですよ！

さらに、今の香港《ホンコン》だって、同じでしょう？

要するに、香港だって、「〝ブルドッグ〟が去って、〝豚《ぶた》〟がやってきた」と……、まあ、〝豚〟が中国人だよね。〝ブルドッグ〟が英国人だけども。つまり、「イギリス人（ブルドッグ）を追い出したら、北京政府の中国人（豚）がやってきた」っていうことだけども、それによって、（香港では）だんだん、「言論の自由」が狭《せば》められていて、「それをどうやって守るか」で、もう必死です。

「五十年間は、一国二制度を守る」って言ってたけど、全然、守ろうとしないし、早くも侵食《しんしょく》してきていて信用ならないので、香港も戦々恐々《せんせんきょうきょう》の状態ですよ。

●鄧小平〈1904 ～ 1997〉中国共産党中央軍事委員会主席。「改革開放」路線を行い、中国の経済発展を促す一方で、1989年天安門事件の際には抗議デモを弾圧し、共産党一党独裁体制を維持した。

日本軍、あるいは、日本政府が、われわれに教えたことは、「法治主義」だし、「法治国家」です。

しかし、北京政府がやっていることは、「人治《じんち》主義」ですよ。法治主義じゃなくて人治主義。人治国家です。人が自由な裁量で、勝手なことをやる。そういう国家ですよ。殺し放題、粛清《しゅくせい》し放題、言論も統制し放題。

私らは、日本から悪いことをされた思いなんて、ありませんよ。

台湾の人たちだって、戦争に参加した人はいますけども、「使命感」を持ってましたよ。なんで、アメリカにフィリピンが支配されたり、オランダにインドネシアが支配されたり、フランスにベトナムが支配されたり、イギリスにインドが支配されたり、アジア人が、これだけ、白人たちに支配され、それを当然のことのようにやられて……。

中国も、日本の悪口を言ってるけども、中国だって、アヘン戦争に負けて以降、ヨーロッパ諸国の植民地状態になり、出食い状態になってたのに、日本だけを、一生懸命、攻撃《こうげき》しているんでしょう？　欧州《おうしゅう》の悪口は言ってないでしょう？　ああいう情けない自分たちの歴史に対してねえ、正しい歴史認識を持つべきですよ。

「天命」を受けて戦った日本は、毅然《きぜん》とした国家たれ

里村　今、たいへん熱いお言葉を賜《たまわ》ったのですが、問題の根本《こんぽん》は、先の大東亜《だいとうあ》戦争についての見方にあると思います。

これを、「日本人が、野蛮《やばん》な心のままに、侵略《しんりゃく》を進めた戦争」と見るのか。まあ、こういう見方が日本国内、つまり、日本の政治家にも、マスコミにもございます。そうではなくて、やはり、「植民地を解放した戦い」と見るのか。

守護霊様は、どのようにご覧になりますでしょうか。

李登輝守護霊　いや、私は、大きな天命があったと思いますよ。

里村　はい。

李登輝守護霊　うーん、天命を受けてやってたと思ってますよ。朝鮮《ちょうせん》半島の人たちは、日本を悪く言うけどさあ、日本の皇太子の妻になれるような立場の人を、朝鮮の元皇太子の妻として送っているんですからねえ。これは、奴隷扱《あつか》いして、セックス・スレイブにするような国に対する態度であるわけはないので。

朝鮮の王族を、日本の皇室と同じ扱いにしているんですから、それは、やっぱり、欧米とは違《ちが》いますよ。アメリカみたいに、アフリカ人を連れてきて、奴隷として何百年も使ったような国と、一緒《いっしょ》じゃないですよ。

「日本人も同じようなことをしたんだろう」と思って、自分らの懺悔《ざんげ》の心で、従軍慰安婦の碑《ひ》を建てたりしているんだろうけど、とんでもないですよ。

だから、歴史認識が足りないのは、あちらのほうですよ。圧倒《あっとう》的に勉強が足りてないと思いますねえ。

朝鮮半島の人間は、やっぱり、ずるいわ。

自分らのやったことの悪事は全部隠《かく》して、日本にそれを押《お》しつけようとしているし、今、日本だけでしょう？　悪口を言ったって反論もしてこないし、攻撃もしてこない国は。

アメリカだって攻撃するかもしれないし、中国にだって、悪口を言えば反撃してきかねないですからねえ。北朝鮮だって、挑発《ちょうはつ》されたら何をしてくるか分からない。

日本だけです。悪口を言ったら、総理大臣がペコペコして、あとで金をせびれるところは、ここしかないからね。
だから、私は、日本に、もっと毅然《きぜん》とした国家になってほしいですなあ。
中国におもねって……、まあ、中共《ちゅうきょう》と言うべきだね。

里村　はい。

李登輝守護霊　中共におもねって、あちらと国交回復したのはいいけども、まあ、台湾を国でないように見なしたり、私の入国を拒《こば》んだりするようなこともありま

中共
中国共産党の略。主に、日中国交樹立以前、毛沢東率いる中国共産党と、中華民国（台湾）とを区別するために使われた表現。現在も中華人民共和国の略称として使われる。

『マルクス・毛沢東のスピリチュアル・メッセージ』（幸福の科学出版）

したが、やっぱり、このへん、独立した国家として、自立した判断を、キチッとしていただきたいですね。

もっと強くなってほしいですなあ。

日本人よ、早く「武士道」の精神を取り戻《もど》せ

里村　日本人、あるいは、日本の政治家がきちんと言い返せないことについては、どのように思われますか。

李登輝守護霊　いやあ、もう、「武士道精神」が完全に失われていますね。このねえ、「武士道」が七十年、失われている姿は、私も、悔《くや》しくて悔しくてしょうがないので、日本人に、早く日本人に戻《もど》ってほしい。安倍《あべ》さんの「日本を取り戻す」じゃないけど、ちゃんと日本人に戻ってほしい。やっぱり、東洋の鑑《かがみ》

なんだから、日本が。欧米に、唯一《ゆいいつ》、立ち向かえた国は日本しかないんだからね。アジアの希望だったんだ。日本人を見習えば、われわれはよかったんで、そんなに卑屈《ひくつ》な人間に、絶対なってほしくない。

日本の、左翼《さよく》かリベラルか知らんけども、卑屈な国家運営や、外国に対して謝罪外交ばかりをするような日本人は、見たくない。

私たちが知っている日本人は、もっともっと立派だった。

まあ、戦争では負けることだってあるかもしれないけども、そんなのは、中国の歴史を見たって、勝ったり負けたりいっぱいしてるよ、国内の戦いでもね。国内にいろいろな国が乱立している時代もあって、勝ったり負けたりしてますけども、そんなことでねえ、国民の精神状態を全部、変えてしまっては駄目ですよ。自分らの歴史を否定しては駄目ですよ。

安重根《あんじゅうこん》や李舜臣《りしゅんしん》を称《たた》える韓国《かんこく》の「歴史認識」を問う

李登輝守護霊　やっぱり、あの朴槿恵《パククネ》大統領に対して言いたいことはねえ、安重根《あんじゅうこん》を英雄《えいゆう》視して、その碑を建てたりしてるけどさあ、これはテロリストだよ、はっきり言って（注。韓国《かんこく》の要請《ようせい》を受け、中国はハルビン駅に安重根の記念館を開設）。

日本の初代総理大臣をして、朝鮮を併合《へいごう》することにも反対していた伊藤博文《いとうひろぶみ》を暗殺し、その暗殺者、テロリストの碑を建てる。中国にもおもねって、一緒に建てる。

これ、歴史認識が足りないのはどっちかねえ、やっぱり訊《き》きたいですよ。

『安重根は韓国の英雄か、それとも悪魔か』（幸福の科学出版）

アメリカ人だってねえ、もしリンカンやケネディを外国人が暗殺したとして、その暗殺者を出した外国が、それを英雄として称《たた》えたら、絶対許さないですよ！　許すわけないですよ。絶対に許さない！
だから、そういう有徳の人を殺した場合、それはテロリストなんであって、そんなの、英雄じゃないですよ。
そういう安重根だとかねえ、それから、あと、像をつくって祀《まつ》ってるのは、●李舜臣《りしゅんしん》でしょう？

里村　はい。李舜臣ですね。

李登輝守護霊　あれだって、秀吉《ひでよし》の朝鮮出兵のと

李舜臣
（1545 ～ 1598）
李氏朝鮮時代の武将。文禄・慶長の役で日本軍と戦闘した。当時、朝鮮半島南岸に築城した小西行長は明・朝鮮軍の攻撃を退けていたが、豊臣秀吉の死去に伴い、明軍と和議を締結。しかし、李舜臣は和議を反故にして小西の撤退を妨害。日本から援軍に来た島津軍に討ち取られた。

きに、それを撃退したということで、英雄ということになっとんだろうけども、実際は違う。秀吉軍に攻《せ》められて、いったん休戦条約を結び、戦いをやめて日本軍が引き返していくところを、騙《だま》し討《う》ちで後ろから追いかけて、襲《おそ》いかかったところを返り討ちにされて殺された。それが李舜臣ですよ。

「あんな情けないやつを英雄にして扱わなきゃいけない」っていうのは、どれほど韓国に英雄がいないかが分かることですよ、こんなのを見たらね。もう、テロリストの仲間みたいなのしかいないんですから。恥《は》ずべきですよ。

「広開土王《こうかいどおう》」と「豊臣秀吉《とよとみひでよし》」を客観的に評価する

李登輝守護霊　あと、まあ、ペ・ヨンジュンが演《や》って有名になった、「太王四神《たいおうしじん》記《き》」か何かあるけど、あれの広開土王《こうかいどおう》だってねえ、今の金正恩《キムジョンウン》がそれを自称《じしょう》してるぐらいだからね。要するに、「釜山《プサン》のところまで、韓国を攻め取りたい」っていうような意欲を持っている人が、やる気をそそられてるんだから、あれだってちょっと調べてみないとねえ。

あんなに美談で、講談みたいに、うまくつくられてて、幾《いく》らでも尾《お》ひれがついて、美しい物語にされてるけど、実際は、そんな人だったかどうかは分からんと、私は思ってますよ。ものすごく残虐《ざんぎゃく》な人だった可能性も、極《きわ》めて高いですね。

だからねえ、やっぱり自分たちの歴史に誇《ほこ》りを持てないから、ほかのところを悪人にして、やってるわけですよ。

まあ、秀吉《ひでよし》だって、海外進出したところは、いろいろと非難される面はあるの

広開土王（好太王）（374～412）
高句麗第19代王。百済への侵攻等で領土拡大し、衰退しかかっていた国勢を立て直した。その生涯を題材にとったテレビドラマ「太王四神記」では、ペ・ヨンジュンが主役を演じた。

かもしれないし、日本としては、太平洋戦争の先駆《せんく》だった部分があるのかもしれないけども、ただ、客観的に見て、「低い身分から、一代にしてのし上がって、天下人《てんかびと》になった」っていうのは、やっぱりそうとうの人ですよ。

アメリカ人がその物語を読んだって、「これは、そうとうの人である」っていう判断は、きっとするはずだと思いますよ。

ただ、（彼らは）人種蔑視《べっし》してるからね。「黄色人種《おうしょくじんしゅ》に偉《えら》い人なんかいるわけない」と思うてるから、偏見《へんけん》で見ているだけなんで。うーん、やっぱり、日本は「東洋の光」であってほしいですな。

日本や韓国《かんこく》の女性が「慰安婦《いあんふ》」の募集《ぼしゅう》に応じた理由

及川　総統に、これをお訊《き》きするのはたいへん恐縮なのですが、先ほどの歴史認識の一つの事実関係として、慰安婦《いあんふ》の現実について、お訊きしたいと思います。

今、言われている「従軍慰安婦」問題の真実というのは、すべて、元慰安婦の人たちの証言だけです。

しかし、実際に当時、台湾にも、韓国人《かんこく》（朝鮮人）の慰安婦たちがたくさんいたと思いますが、実態はどうだったのでしょうか。

李登輝守護霊　その実態は、ＮＨＫの籾井《もみい》新会長が言っているとおりで、世界各国でニーズがあれば、そうした風俗《ふうぞく》営業をやっているところは、歴史的に、どこにでもあっただろうと思います。それは、日本だけでなくて、世界各国にあったとは思います。

ただ、それが強制連行的に連れ去られて、普通《ふつう》の上流階級、中流階級の子女が連れていかれてですねえ、そういう軍隊さんの相手をさせられたかどうか、国家権力が介入《かいにゅう》して、そこまでやったかどうかっていう、ここのところでしょう？

問題はね。

　だけど、風俗営業そのものは、もう、ソクラテス以前からある、あれですから、これを責めたって、あるものはある。まあ、今の韓国ほど、日本はやってませんけどね。あることはあったでしょう。

　ただ、それが、軍の命令によって、殺されるような、生命の危険にさらされて、やらされたかどうかっていうことですよね？

　これに対しては、明らかに「ノー」と言わざるをえないし、あなたがたも言ってたと思うけども、金儲《かねもう》けができるので、募集《ぼしゅう》に応じて、行った人はたくさんいたのでね。

　それは、業者がやってたことはあるとは思うけども、ものすごく収入がよかったということ

『NHK新会長・籾井勝人守護霊本音トーク・スペシャル』
（幸福の科学出版）

があった。

それもあったし、それから、もう一つ別の観点から見ると、例えば、特攻隊《とっこうたい》なんかもありましたですけども、特攻をするときなんかは、もう、韓国人と言わず、日本人の女性だってですねえ、「お国のために、明日《あす》はない命」っていうか、「突《つ》っ込《こ》んでいって帰ってこられない。死ぬことしか目的がないけど突っ込んでいく特攻の人たちを、慰《なぐさ》めたい」って、日本人の女性たちだって、そう思ってましたよ。

だからねえ、彼女らは売春婦じゃないですよ。売春婦じゃないけど、女性も知らずに二十代で死んでいく人たちに、やっぱり、何とかね……（声がかすれる）、やっぱり、本当にかわいそうでかわいそうで、いられなかったと思いますね（涙《なみだ》ぐみ、言葉に詰《つ》まる）。だからねえ、ああいうふうに、バカにするんじゃないよ！　本当に。

4　日本が戦わねばアジアはどうなった？

独立国家としての靖国参拝《やすくにさんぱい》の「あるべき姿」とは

及川　そのなかには、日本人だけではなく、アジアの人たちもいて、総統のお兄様も含《ふく》め、そういう人たちが、今、靖国《やすくに》に祀《まつ》られているわけですけれども……。

李登輝守護霊　（声を詰《つ》まらせながら）そうです。だから、兄も、同じようにバカにされてるんだと思うけどもねえ、そんな、〝殺人鬼《さつじんき》〟で、〝人でなし〟みたいな言われ方をするのは、私は、絶対納得《なっとく》できない。絶対できない！

里村　そうした観点から見て、昨年末に、安倍晋三《あべしんぞう》首相が靖国参拝《さんぱい》されましたけれども、これは当然であると？

李登輝守護霊　（涙声《なみだごえ》になる）いやあ、当然というか、何と言うか、まあ、あれは、あんたがたから怒《おこ》られて、行ったんじゃないの？（『吉田松陰《よしだしょういん》は安倍政権をどう見ているか』〔幸福実現党刊〕参照）もうちょっと毅然《きぜん》としてほしいねえ。

私だって、日本に来たら、きちんと靖国参拝してるんだから、何を、独立国家として、はばかることがあるんですか？　そんなの。何か、悔《くや》しいですねえ。とっても悔しい……。

お国のために、それから、アジアのために死んでいった人たちに対してねえ、顔向けができないですよ、本当にねえ。情けないですよ。

いやあ、もう、首相だけでなくて、私は、天皇・皇后陛下にだって申し上げたい。なんでねえ、靖国に行けずに、日本武道館だか何だか知らんけども、あんな、ほかの施設《しせつ》を借りて、花束だけやって、というんですか？　天皇陛下のために死んでいった人がたくさんいるんでしょう？　ほとんど、みんなそうなんですから。「天皇陛下万歳《ばんざい》」で、やったんだから。そんなの、殺されたって否定しちゃ駄目《だめ》ですよ、絶対に！

本当に、自分らの命を生きながらえるためにねえ、そんな、アメリカさんのご機嫌《きげん》なんか、窺《うかが》っちゃあ駄目ですよ。みんな、信じて突《つ》っ込《こ》んでいったんだからさあ。

まあ、インドなんかねえ、もし日本が戦ってなかったら、まだイギリスの植民地ですよ。ねえ？　まだ貧しいままで搾取《さくしゅ》されて、紅茶をつくらされて、産物を全部持っていかれて、貧しいままで、奴隷《どれい》で使われてたんですよ。だから、アフリカと同じような状態になってたはずですよ。

だけども、イギリスも〝小さな国〟になって、そして、インドが〝大きな国〟に、今、発展しようとしてるのは、日本のおかげなんですよ、これは。日本人が死んでくれたおかげなんですよ。

だからねえ、バカにするんじゃないよ、本当に！

五大強国の一つだった日本と「先の大戦の真実」

及川　今、言われた、インド、シンガポール、フィリピン、インドネシアのそれぞれにおいて、日本が「アジアの解放」を成し遂《と》げてきたことを、遅《おそ》まきながら、再評価するような時代をつくるためには、どうしたらよいのでしょうか。

李登輝守護霊　私らのように、その時代を知ってる人間が、もう次々と、この世を去っていくんでねえ。事実を隠蔽《いんぺい》されるし……、あの韓国《かんこく》の慰安婦《いあんふ》なんていうのは、八十代ぐらいで、私より若い人たちですよ。そんなの、こちらのほうがよく知ってるからさあ。

やつらは、それはどこかで売春ぐらいしたかもしらんけど、そんな言葉だけではやっぱり駄目ですよ。日本の国内なんか、証拠主義《しょうこ》で何もかも固まってて、証拠がなきゃ何も信じない国なのに、そんなのだけ、なんで信じるのか。（自称《じしょう》慰安婦）三人ぐらいのねえ。

村山《むらやま》（元首相）が会いに行って、謝《あやま》ってるけど、本当にねえ、偽善者《ぎぜんしゃ》ですよ。もう、こういう偽善者は、私は、許せないねえ。自分が善人だと思われたくてやってる。

弱者に対してやっているつもりだけど、相手は〝詐欺師《さぎし》〟なんだっていうことを、知らなきゃいけないと思いますね。金が欲《ほ》しいだけなんですから。それに、後ろについてる者が必ずいるから。利用しようとしているやつが、いるんだから。

「国家的詐欺」をやろうとしている人たちが、後ろについてるんだからねえ。

だから、こういう者に対しては、もっと強くなきゃいけないですよ。

日本人はねえ、とっても立派な人たちでしたよ。特に、軍人等、海軍兵学校や陸軍士官学校を出た方々はねえ、今の東大を出た人たち以上のプライドを持ってたと思いますよ。頭もよく、体もよくて、もう、なれるもんじゃなかったですねえ。そういう意味で、すごく立派な人たちだったと思うし、徳が光ってましたよ。

いやあ、日本という国はねえ、明治維新《いしん》以降の改革があって、一流国家になって、欧米《おうべい》に伍《ご》して、すでに大正時代ぐらいに、世界の五大強国《ごだいきょうこく》のなかへ入ってましたよねえ。

そして、清国《しん》を破り、ロシアを破り、アメリカと「航空母艦《ぼかん》決戦」を四年近くやりましたけど、ドイツもイタリアも助けてなんかくれやしなかったですねえ。一国で戦ってたんですから。

だからねえ、アメリカは、ハワイを取り、フィリピンを取りましたが、もし日本がああいうふうに戦わなかったら、（アメリカは）どうしたかっていうことですけども。日本と戦わなかったら、中国や韓国は、満州《まんしゅう》を含めて、アメリカの植民地になっていったのは間違《まちが》いないですよ。ほぼ間違いない。アメリカが取ってただけですよ。

つまり、自分たちが取りたかったのに、「日本に先を越《こ》された」と思って、悔しくて、やってたあれだと思うんですね。

アメリカは、明治維新のころ、南北戦争をやっててねえ、疲弊《ひへい》して、植民地合戦《がっせん》に乗り出すのが後《おく》れたんですよ。ちょっと後れたので、ほとんど取られてしまって、もういいところが残ってない状態だったんでね。

だから、ヨーロッパの国のものを取るわけにいかないんで、日本から取り上げようとしてたっていうのが本心でしょうね。

5　「集団的自衛権」は議論以前の問題

「集団的自衛権」の問題をどう見ているか

藤井　東アジアの安全保障の問題についてもお伺《うかが》いしたいのですが、李登輝先生は、日本語でもさまざまな著作を出されており、そのなかには、「武士道」の解説書のような本もあります。

先ほども、「武士道」について、多少、触《ふ》れられていましたし、その理由としては、「著者の新渡戸稲造《にとべいなぞう》が台湾《たいわん》統治に非常に貢献《こうけん》された」ということもあると思いますが、おそらく、李登輝元総統の願いとして、「日本人に、そうした侍《さむらい》スピリット、『武士道』の精神を、もう一度、取り戻《もど》してほしい」というメッセージも込《こ》められているのではないかと感じます。
今、日本では、「集団的自衛権」の問題が、安倍《あべ》政権等で議論されていますが、これは、日本のみならず、台湾にとっても非常に大事な問題だと思いますので、このあたりをどう見ておられるのか、ご意見を伺えればと思います。

李登輝守護霊　安倍さんが、「集団的自衛権は、解釈《かいしゃく》改憲できる。解釈を変えるだけでやれる」というように考えていることに対して、「立憲主義を捨てた」みたいに言っている左翼《さよく》の人たちもいるらしいとは聞いておりますけど、こんなのは立憲主義以前の問題なんですよ。

これはねえ、国家としての独立の問題なんですよ。独立性の問題なんです。どの国だってねえ、自分の国を守る権利はあるんですよ。憲法があろうがなかろうがねえ、独立国家として自分の国を守るのは当たり前なんですよ。

国の守り方については、もうあらゆることを考えなきゃいけないんであって、ちょっと、日本人も、今、とっても残念な状態になってるっていうか、こんなふうな負け犬根性《こんじょう》で、七十年もやってほしくなかったですねえ。

もっと早く……、うーん、どこで間違《まちが》えたか。やっぱり、吉田茂《よしだしげる》あたりが、ちょっと長くやりすぎたね。あれは終戦直後の一時しのぎにはよかったと思いますけど、ああいう人の影響力《えいきょうりょく》が長すぎたのが、ちょっと問題でしたねえ。

だから、集団的自衛権なんてねえ、あんた、もうそんなのは問題にならないよ。そんなものではなくて、日本独自で何をやったって構わないんだよ！

そんな、「集団的にやるかどうか」なんていうのは、もうねえ、セカンダリーなことなんですよ。二番手三番手のことです。日本独自でやったらいいんですよ。何をやったって、構わないんです。

韓国《かんこく》があれだけグジャグジャ言うんだったらねえ、もう、海兵隊なんかを日本

●吉田茂〈1878～1967〉第45・48～51代首相。1951年、サンフランシスコ講和条約を締結。アメリカから、朝鮮半島情勢の悪化に伴う再軍備要請を受けるも反対した。

でつくって、上陸したらいいんですよ。そんなの、ぶち込んだらいいのよ、弾《たま》を、ミサイルを。「本当にやるか?」って。

何だったら、「金正恩《キムジョンウン》と組んで、挟《はさ》み撃《う》ちにしたあと(会場笑)、金正恩を倒《たお》してやる」とか、まあ、そんなことだって、独立国家なんですから、別に構わないんですよ。韓国が生意気《なまいき》だったら、「じゃあ、金正恩と一緒《いっしょ》に組んで、挟み撃ちにしてやろうか」って言ったって構わないんです。

あのねえ、戦後体制がちょっと卑怯《ひきょう》だわ。特に、マスコミが、負け犬の遠吠《とおぼ》えみたいなことばっかりしておってなあ。自分らで、何も責任を取らずに、遠吠えばっかりしてるんでさあ。

だから、集団的自衛権なんていうような問題じゃなくて、日本自体の国防力をもって、独自判断でやって構わないんですよ。アメリカの許可だって必要ないんですよ。一緒にやりたかったら、やったって構わないですが、アメリカだって、共和党、民主党でコロコロ変わるからねえ。アメリカの態度が気に食わなかったら、自分たちの考えで、やったらいいんですよ、そんなもん。

竹島《たけしま》も尖閣《せんかく》諸島も「日本のもの」で間違《まちが》いない

李登輝守護霊　あんなのねえ、竹島《たけしま》なんかも、この前、前任だった韓国の大統領（李明博《イミョンバク》）が上陸したけど。ヘリコプターで降りて、みんなを激励《げきれい》して回って、国内に流して、「韓国領土だ」ってやって。

チェッ！　あんなの上陸しなさいよ、早く。もう！　日本のもんですよ。私は知ってますよ。もともと日本のもんです。あんなの関係ないですよ。

あのねえ、日本に自衛隊ができていないとき

『韓国 李明博大統領のスピリチュアル・メッセージ』
（幸福実現党）

にねえ、韓国が、ぶんどっただけなんですよ。そんなの分かってますよ、もう。あんなの、韓国併合《へいごう》と関係ないですよ。竹島なんか全然！ そんなの、明治以前から日本のもんですよ、江戸《えど》時代から。知ってますよ、ちゃんと。韓国の人だって、ほんとは知ってるんですよ。歴史を勉強した人は知ってます。「それは嘘《うそ》だ」って知ってる人は、いっぱいいます。ただ、「●李承晩《りしょうばん》ライン」を引いて、「はい、韓国のもんです」って言ったら、ほんとにそうなった。

おんなじことを、今、中国がまねしてるんですよ。自分らで勝手に、「防衛識別圏《けん》」とか「防空識別圏」とか言ってさあ。「核心的《かくしん》利益」とか言って、「自分のもの」だろ？ まねしてるんじゃないの、ああやって。

尖閣《せんかく》なんてねえ、日本のもんですよ、もともとは。全然問題ないですよ。まったく問題なく日本のもんですよ。

だから、中国の漁船だの、漁船のふりをした軍船とか、軍艦《ぐんかん》とかがいっぱい来

●李承晩ライン　1952年、韓国が「海洋主権宣言」を行い、国際法に反して日本海および東シナ海に境界線を一方的に定め、竹島をライン内に取り込んだ。

てるのを、沈《しず》めたってかまへんですよ。全然、問題ない。国際法じゃ、まったく問題ない。日本のもんです。

ああいうねえ、盗人猛々《ぬすっとたけだけ》しいのは、ほどほどにしなきゃいけないですよ。あれだけの国土を持っててねえ、他の民族の国を取って取って取り放題でねえ、虐殺《ぎゃくさつ》して……。

それをねえ、救うこともできない、世界中、救うこともできない。ああいう国家を、いつまで放置しておくんですか。

台湾だって取ろうとして、狙《ねら》ってるんですから。今、また、やられそうになってきつつあるけども、やっぱりなんとしても、これは日本にちょっと奮起《ふんき》してもらわないと、われわれは困りますねえ。

6　今の中共《ちゅうきょう》は「非合法政権」

台湾《たいわん》も韓国《かんこく》もアメリカも、中国の拡張主義に巻き込《こ》まれている

里村　今のお話の絡《から》みで言いますと、一昨日（二月十一日）、六十五年ぶりに、台湾《たいわん》と中国の閣僚《かくりょう》級の会話があったというニュースが流れました。日本のマスコミなどは、一気に、「融和《ゆうわ》、融和」という方向で報道を行っていますが、このへんについては、どのようにお考えになりますか。

李登輝守護霊　今、中国……、中共《ちゅうきょう》をねえ、これ以上強くしてどうするんですか。だから、狙《ねら》いとしては、もちろん香港《ホンコン》も、自分の自由にしようと思ってるだろ

うね。香港を自由にして、経済的利益を手に入れて、それから欧米《おうべい》に対する言論的な支配というか、まあ、洗脳をかけようとしてるのは間違《まちが》いない。

もちろん、台湾の繁栄《はんえい》も欲《ほ》しいし、韓国《かんこく》だってねえ、朴槿恵《パククネ》がウネウネと寄っていってるけども、「韓国だって取られようとしてるのが分からないのか」っていうことだよ。今また属国にされようとしてるわけですからねえ。

まあ、このへんの拡張主義が分からんようじゃ、もう話にならないですわ、ほんとにねえ。

里村　守護霊様から見ると、習近平《しゅうきんぺい》はそうとう危険な存在に見えるわけですか。

李登輝守護霊　危険な存在じゃなくて、ただ

『中国と習近平に未来はあるか』
（幸福実現党）

の〝原始人〟なんじゃないの？　あれは、国際感覚ゼロよ。原始人ですよ。ただ、本能のままに動いているだけだよ。

あんなの、昔のねえ、古典的な中国人なんじゃないの？　あれ、秦《しん》の始皇帝《しこうてい》ぐらいのつもりでいるんじゃないの？　はんとねえ、二千年前の人だよ、あれは。うん、ほとんど。

里村　今、台湾が、そういう〝原始人〟の前に置かれて、自分たちのほうから、どんどんつながろうとしているのは、台湾の未来にとって非常に……。

李登輝守護霊　やっぱり、若返ってるからねえ。政治・経済をやっている人たちが若返ってきて、中国との貿易というか、まあ、商売も大きくなってきているからねえ。

だから、〝張り子の虎《とら》〟なんだけども、大きく大きく見せてねえ、「もう敵《かな》わないから吸い込《こ》まれろ」っていうふうな感じの圧力をかけてきているし、若い政治家や実業家が、あの「利」に釣《つ》られて引っ張られようとしてる。韓国も、おそらくそうでしょうけどね。

アメリカだって、貿易のところで、今、一生《いっしょう》懸命《けんめい》、騙《だま》し込まれようとし始めているわけで。

でも、アメリカが、原理原則を捨ててねえ、利益だけを追求したら、もうアメリカは終わりですよ。すでに、オバマさんは、「世界の警察官をやめる」とおっしゃったそうだけど、それをやったら、世界から尊敬されたアメリカは消えてしまいますよ、もうすぐね。

やはり、ここらでもう一回、原理原則に立ち戻《もど》らなきゃいけないと思いますね。

『バラク・オバマのスピリチュアル・メッセージ』（幸福実現党）

中国を肥大化させた「アメリカの罪」

里村　そこは、まさに私がお伺《うかが》いしたかったところです。同じ民主党でも、一九九〇年代のクリントン大統領の時代は違いました。台湾の選挙の際に、中国の江《こう》沢民《たくみん》が台湾海峡《かいきょう》でミサイル訓練を行って脅《おど》しつけたところ、それに対し、アメリカは空母を派遣《はけん》して抑《おさ》え込んだわけです。

一方、今のオバマ大統領の構えなどは、だいぶ違うのですが、それを見て、アメリカに対しては、どのように思われますでしょうか。

李登輝守護霊　まあ、クリントンにも罪はあるけどねえ。「中国を肥大化させた罪」はねえ。

まあ、日本を軽くして……、要するに、日本のバブル期の大発展が気に食わな

●江沢民〈1926 ～〉中華人民共和国第５代国家主席。鄧小平後、中国の経済発展を進展させる一方で、90年代に反日教育を推進した。

かったからさあ。経済的に日本に抜《ぬ》かれそうになってたからねえ。それで、日本を沈《しず》めて中国を持ち上げて、日中を競《きそ》わせて、経済的には（日本の）力を弱めようとしてた。

だから、クリントンに罪があることは事実なんだけども、そうしたら中国のほうが増長してきて、台湾のほうにも手を出してきたわけだ。でも、空母を送って、アメリカとしては、「経済と政治は違う。政治的には自由主義圏《けん》を守る」っていうアメリカの気概《きがい》はちゃんと見せたわねえ。

いやあ、台湾自体は、二千何百万の人口しかないんだけど、それでも五十万人（二〇〇〇年代以降は兵力を半減）ぐらいの軍隊を持っていて、そう簡単に占領《せんりょう》されないつもりではおりますけどね。そう簡単に占領されないぐらいの戦い方を、われわれはできるようにはなっていますから。

まあ、経済的利益で釣ろうとして、一生懸命、抱《だ》き込みに入ってきてるんだと思うけど、やっぱり自由がなくなったらねえ、経済的繁栄なんていうのは、すぐ死んでしまうんですよ。それは分かっていることなんで。

だから、「毛沢東《もうたくとう》政権以下の中共は、非合法政権だ」っていうことを、もうちょっとはっきり言《ゆ》うたほうがいいですよ。

里村　あ、非合法政権？

李登輝守護霊　非合法政権ですよ、あんなものは。

里村　ええ、ええ。

7　台湾《たいわん》を切り捨てた日米に言いたいこと

日米が中国に情けをかけた代償《だいしょう》は大きい

藤井　先ほど、日本の戦後の外交史について、「吉田茂《よしだしげる》のあたりが問題だった」とおっしゃいました。

ただ、もう一つたどりますと、七十年代以降、田中角栄《たなかかくえい》内閣あたりのことだと思うのですが、日中国交回復から平和友好条約の締結《ていけつ》まで、保守系の立場からすると、「かなり急ぎすぎたのではないか」とか、「(中国に) 近寄りすぎたのではないか」とかいう意見が非常に強いと思います。

本来、日本の立場としては、「日台《にったい》の国交樹立」とか、「台湾《たいわん》の国連再加盟」とかが、外交の訴《うった》えるべき方向であり、あるべきかたちだと思うのですが、台湾の元総統に伺《うかが》うのは恐縮《きょうしゅく》ではあるものの、このあたりのところを、どうご覧になっていますでしょうか。

李登輝守護霊　だから、国民が二千何百万しかいない場合、それは国家じゃないんですか？　ほかに、そういう国家はないんですか？　世界には？　ええ？

北朝鮮《きたちょうせん》だって、二千万を超《こ》えてるぐらいなんじゃないの？　あれ、国連に加盟してたっけねえ？　してなかったかねえ？　どうなのかねえ？

日中国交回復　1972年、日本と中華人民共和国は国交関係を樹立。
(写真：日中共同声明。左・周恩来、右・田中角栄)

だから、二千万ぐらいの国家は、ほかにも幾《いく》らでもあるし、ちゃんと独立した政治・経済体制を持ってる。

アメリカも日本も、中国と国交回復するに当たって、「台湾との関係を切れ」っていうような、向こうの圧力に屈《くっ》して、小より大を取ったんですから、同じやり方でいったら、日本だって、中国の経済、GDPがものすごく大きくなったら、捨てられる可能性だってないわけではないよ。これ、考えないといけないところですわね。そう考えてるアメリカ人は、だいぶ増えてきてる。政治家もね。

だけど、そんなもんじゃないでしょう、国家っていうのは。大小じゃないでしょう? ギリシャだって小さいかもしれないけど、国家ですよ。イタリアだって小さいかもしれないけど、国家です。ベネルクス三国（ベルギー、オランダ、ルクセンブルク）だって、ノルウェーだって、みんな国家なんですからね。それから、ソ連だってバラバラになって、いろんな共和国に分かれたぐらいだから。

まあ、そういう意味で、何て言うか、もうちょっと頑張《がんば》ってほしかったですなあ。

なんか、結局、中国と、日中国交回復、および、アメリカも国交回復したし、まあ、キッシンジャーとかも、かなり左翼《さよく》かぶれの部分があったんだとは思うけども。

何て言うか、まあ、中国に同情的だったんだろうと思うんだけどね。中国は、経済的にものすごく後《おく》れてたわけよ。毛沢東《もうたくとう》の失敗で……、もう、「大躍進《だいやくしん》政策」をやって、いっぱい失敗したんですよ。農業と軍事しか分からん人だからね。「先軍《せんぐん》政治」で、軍事ばっかりやって予算を使うだけでねえ、あと、農業しか分からない。農業をやってたら、全然豊かにならないよね。それで、軍事だけものすごく拡張したら、そらあ赤字になるし、苦しいわねえ。

それで、都合《つごう》が悪いから、いっぱい悪人を仕立て上げ、粛清《しゅくせい》に次ぐ粛清で、い

― 中国・大躍進政策の惨禍 ―

1958年から1960年にかけて中国で行われた大増産計画。毛沢東の主導のもと、イギリスを上回る生産力を獲得すると発表。しかし、ずさんな計画と過酷なノルマで、のちに悲惨な結果を招いた。

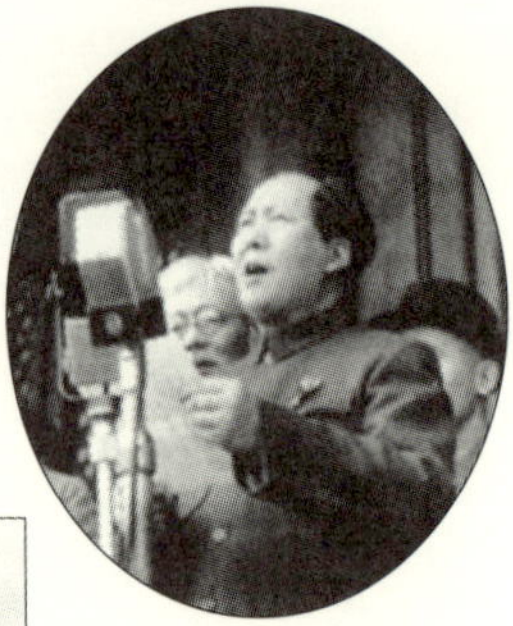

鉄鋼生産量を一年間で1千万トンに倍増させる計画が打ち出され、人民を大動員。しかし、素人が小さな鉄桶でつくった鉄鋼は粗悪品で、使用に堪えないものだった。

農業では、「小麦を密植して生産量が10倍になった」というデマに煽られ、各人民公社が虚偽の出来高を発表したため、ノルマが上乗せされる悪循環に陥った。

害虫・害鳥駆除を打ち出し、スズメを大量駆除した結果、イナゴが大発生。さらに天災が重なり、全国的な大飢饉で死者が続出。2千万から4千万人が亡くなったといわれる。
一連の責任を問われた毛沢東は国家主席辞任に追い込まれた。

っぱい人を殺した。本来は、やっぱり裁かれるべきだったやつが、都合よく、いろんな人のせいにして、逃《に》げ延びてきたわけだね。

まあ、中国にとってはいいこと、うーん、中共《ちゅうきょう》にとってはいいことだったのかもしれないけど、その結果、悪魔《あくま》を肥大化させたような結果になった。アメリカは共産主義に対して、警戒《けいかい》しなきゃいけない立場にあったのに、毛沢東以下の中共のおかげで、朝鮮戦争は起きるわ、ベトナム戦争は起きるわ、その他、いろんなところで、世界代理戦争が起きたりしてるわけでねえ。

まあ、ちょっとあれは反省すべきところがあるんじゃないでしょうかねえ。

フィリピンも台湾《たいわん》も「日本に頑張《がんば》ってほしい」と思っている

及川　昨年、この場に、馬英九《ばえいきゅう》総統の守護霊に来ていただきました（『台湾《たいわん》と沖《おき》縄《なわ》に未来はあるか？』〔幸福実現党刊〕参照）。

そのとき、馬総統は、アメリカのことをそうとう日和見《ひよりみ》的にご覧になっていて、「台湾の存在はアメリカ次第《しだい》であり、アメリカが退《しりぞ》いてしまえば、台湾は存在できなくなる」とたいへん心配されていたのです。

台湾の立場としては、今後、アメリカとの関係をどうキープし、発展させていくべきだとお考えでしょうか。

李登輝守護霊　正式なルートでは、（台湾を）国として認めない状態になってますからね。これは、フェアネスがあるのかどうか、やっぱりもう一回、議論してほしいですねえ。

まあ、先進国として、巨大《きょだい》国家ではないかもしれんけれども、少なくとも先進

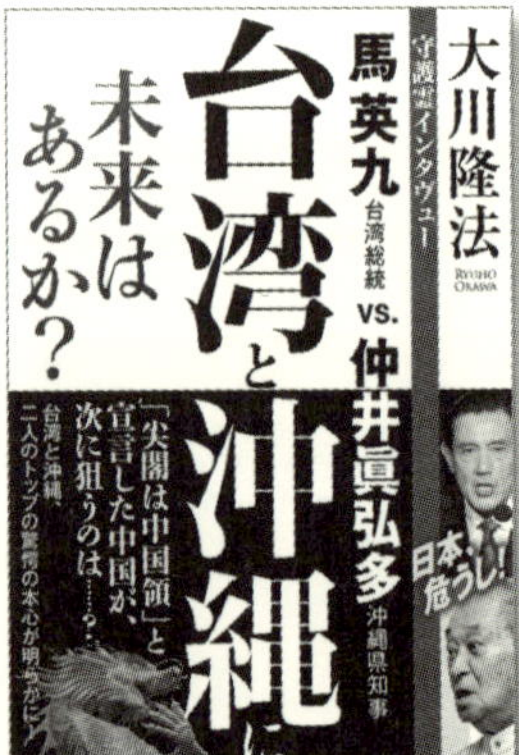

『台湾と沖縄に未来はあるか？』
（幸福実現党）

国の二番手グループぐらいには入っているだけの経済力もあれば、政治力もあるんですから、認めていただいて構わないはずです。

「一国二制度」とか、「中国一国主義に反する」とか言ってんのは、まあ、中国の内輪《うちわ》の問題で、中共が言っとるだけのことですので。もともと台湾なんか、（中国に）支配されたことないんですよ。一度も一緒《いっしょ》だったことなんかないんです。たまたま近くにあるというだけのことですから。

台湾が中国のものだったら、沖縄だって、きっと中国のものにされるでしょう。おそらくそういうことになりますよ。

「大陸棚《だな》で続いているから、日本列島も、昔は地続きだった」とか言うて、中国のものにされる可能性はあると思う●。

ちょっとはねえ、こっちも「論破《ろんぱ》プロジェクト」を使わないといかんのじゃないですか（会場笑）。

●論破プロジェクト　正しい日本の歴史を世界に伝えるために活動する任意団体。フランスの「アングレーム国際漫画祭」で、従軍慰安婦の真実を描いた漫画作品を出品したが、ブースの撤去を命じられた（本書P.19参照）。

だから、あんたがた、もうちょっと頑張《がんば》っていただきたいですなあ。

まあ、「アメリカ次第」って……、（馬英九）総統は若いからねえ。まあ、若いので、それだけの見識も力も今はないんだろうけども、ただ、危険さも同時に感じてはいるので。

今は、ほんとに、こういう感じになっているから、その意味では韓国《かんこく》と同じ状態にちょっと近いのかもしらんよ。

やっぱり、フィリピンなんかも、日本に頑張ってほしいと思ってるだろうし、フィリピンも台湾も、日本がしっかりしてくれれば、国家として自立できる可能性はあるのでねえ。

日本は鎖国《さこく》っていうのを、江戸《えど》時代に三百年近くやってるんだからさあ、朝鮮半島と中国に対しては鎖国して、ほかの国とは窓を開いたって、別に、日本は潰《つぶ》れたりしないですよ。大丈夫《だいじょうぶ》ですよ、ええ。

里村　つまり、総統のお考えとしては、アメリカ頼《だの》みではなく、「日本がアジアのリーダーとして、勇気をもって、しっかりと振《ふ》る舞《ま》え」ということですね。

李登輝守護霊　いや、日本がちゃんとした国になってくれて、その日本とつながっておれば、別に、台湾は台湾で生きていけるはずですけど。

里村　ええ。

日本と台湾《たいわん》の未来を拓《ひら》くための条件

及川　昨年、日本と台湾《たいわん》の間で、日台漁業協定が結ばれましたが、次のステップとして、日本政府が採るべき台湾政策というのは、どのようなものになるでしょょうか。

李登輝守護霊　いや、謝罪するならねえ、中国の「南京《ナンキン》〝嘘《うそ》〟大虐殺《だいぎゃくさつ》事件」とか、韓国の「従軍《じゅうぐん》慰安婦《いあんふ》詐欺事件」なんかで謝罪しないで、仲良くやってた台湾を切って、国家だったものを国家でないようにして放り出したっていう、こっちのほうを謝罪してもらいたいですね。公式に、「すまんかった」と。「日本も力足らずして、そういう力に屈してしまったことは残念だった。日本を信じていた台湾のみなさんがたに、まことに申し訳ない。気の毒な思いをさせました。今後は、そういう思いをさせな

南京事件
1937年、日本軍が南京市に入城した際、30万人もの中国人を虐殺したとされる事件。しかし、事件そのものの信憑性に対する疑問が多数出されている。

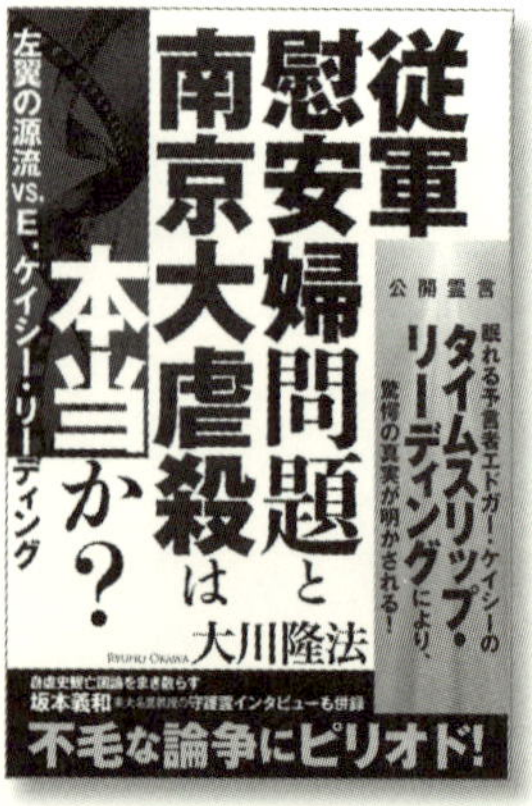

『従軍慰安婦問題と南京大虐殺は本当か？』
（幸福の科学出版）

いように努力したい」というぐらい言っていただきたい。

それから、「中国自体が、台湾や香港《ホンコン》のような政治システムを取ることが、日本が今までどおり、中国と仲良くやっていくための前提条件だ。そちら（中国）が変われ」と、やっぱり言っていただきたいですね。

8 「アメリカは日本を攻撃《こうげき》した反省をすべし」

中国は〝ヒトラー〟に占領《せんりょう》されたままの「この世の地獄《じごく》」

及川　それでは、「日本と台湾《たいわん》の未来」についてお伺《うかが》いします。総統から見た日《にっ》台《たい》関係のあるべき姿とは、どのようなものでしょうか。

李登輝守護霊　うーん、中国……、中共《ちゅうきょう》のところだな。中共十三億、あれはもう、本当に〝地獄《じごく》〟です。この世の地獄なので。正しい報道がなされてないから分からないんだろうけど、周りの国を取りまくっていて、ほとんど、〝ヒトラー〟に占領《せんりょう》されたままのような国になってますからねえ。

まあ、漢民族《かん》を中国人だと思ってるかもしらんけど、あそこは漢民族が中国を押《お》さえていた時期もあったし、そうでないときもあって、もう、いろんなところがすぐに取る国ですのでね。

モンゴルだって、あれは、ねえ？　元《げん》の時代には、モンゴルに支配されてたこともあるわけです。モンゴルが「元」として、堂々と中国の国家だったんだから。

宋家《そうけ》三姉妹に騙《だま》され、「満州国《まんしゅうこく》の真実」すら知らないアメリカ

李登輝守護霊　だから、日本の軍隊が（中国を）ちょっと縦断《じゅうだん》したぐらいで、文《もん》句《く》を言われる筋合いはない。

満州国《まんしゅうこく》のことだって、まあ、いろいろ言うけどねえ、日本は、できるだけ礼儀《れいぎ》は尽《つ》くしたと思いますよ、あのときもちゃんと。

里村　ああ……。

李登輝守護霊　日本人は、ちょっと歴史に足りないところがあるかもしらんけども、明《みん》があって、清《しん》があって、それから近代中国、現代中国があるわけで、あの清を治めてたのは満州族なんですから。それが、漢民族に北へ追いやられて、満州国のほうに逃《に》げていってたわけで、（日本は）そこを守ってやるために満州国を独立させて、皇帝《こうてい》を守ってたあれですから。だから、日本を信じたところが、その後、不幸になるようでは、やっぱりいけないと思いますよ。まあ、アメリカには、そんな難しいことは全然分かんないでしょうけどね。もう、口一つで騙《だま》されますから。●宋家《そうけ》の三姉妹に騙されるぐらいの国でございますので、本当に。

あえて言うとしたら、今、安倍《あべ》政権が言っているようにですなあ、日本人も、

●**宋家三姉妹**　孫文の支援者だった客家《はっか》・宋嘉樹《そうかじゅ》の娘《むすめ》、靄齢《あいれい》・慶齢《けいれい》・美齢《びれい》の三姉妹のこと。美齢は蔣介石の妻（本書 P.96 参照）。

英語をもうちょっとしゃべれるようにして、アメリカへ行って講演して回れる人を少しはつくらないと、駄目《だめ》かもしらんけどねえ。

毛沢東《もうたくとう》に敗れて逃《に》げ込《こ》んだ蔣介石《しょうかいせき》は台湾《たいわん》にとって「いい迷惑《めいわく》」

里村　国際関係の問題とはやや違《ちが》うかもしれませんが、今、お話に出ました宋家の三姉妹の一人で、蔣介石《しょうかいせき》夫人《ふじん》である宋美齢《そうびれい》さんが、李登輝様の総統就任時に、「少し待て。それは駄目だ」というふうに言ったと聞いております。この宋美齢さんのことをどのようにお考えでしょうか。

李登輝守護霊　まあ、蔣介石も、毛沢東《もうたくとう》に負けたからって台湾《たいわん》に流れ込《こ》んでくるなっていうの、本当に。迷惑《めいわく》ですよ。本当にいい迷惑。あんなの、来なかったらよかったのに。

いや、口の悪い台湾の人たちはね、「日本人の支配のときには、〝犬〟に支配されていた。〝犬〟が出ていったら〝豚《ぶた》〟が入ってきた」と言ってるね。そらあ外《がい》省人《しょうじん》（大陸から来た中国人）だよね、蔣介石だから。

あのときは、なんぼぐらい入ってきたか。百万か二百万か入ってきたと思うけど、あの外省人が入ってきて台湾を牛耳《ぎゅうじ》り出したのを、「〝豚〟が入ってきた。日本人を〝犬〟というのは悪いけれども、番犬ぐらいはしていて、ちょっとは役に

蔣介石　中華民国初代総統。孫文に師事。中国国民党指導者として反共政策を推進。第二次大戦後、毛沢東の共産党軍に敗れ、台湾に退いた（写真右：蔣介石と宋美齢）。

立っていた。でも、〝豚〟はもう、使いものにならん」という……。

ああ、ここでは、なんか、「あまり豚のことを言っちゃいけない」という話を、さっき聞いたんだけどな。あんまり悪く言っちゃいけないのか？　イスラム教じゃないんだけどな。

まあ香港《ホンコン》でも〝ブルドッグ〟を追い出して……、ブルドッグは英国だね。「〝ブルドッグ〟を追い出したら、〝豚〟が入ってきた」と、あそこも言ってるんだろう？

だから、中共っていうのは、〝豚〟なんだよ。

世界の〝豚〟の半分は、中共が、今、飼っとるからさあ、いや、その豚は、いい意味での、「食肉としての豚」じゃなくて、「汚《きたな》いほうの豚」のことを言ってるからね。

だから、いい迷惑はしたわねえ。もう、本当に。

里村　蒋介石と宋美齢が、大陸から台湾に入って来たのは、迷惑、予定外だと……。

李登輝守護霊　「負けるな!」っていうんだよね。「ちゃんと戦え!」っていう。アメリカがあっち（中国共産党）に協力した部分もあって、ちょっと、へんてこりんになってきたけどね。日本が政策を維持《いじ》できなくなったから、まあ、〝あれ〟もあるんだけど、本当に。うーん。

「中国の民主主義化」を妨《さまた》げたアメリカの余計な日本攻撃《こうげき》

藤井　以前、大川隆法総裁が、台湾に巡錫《じゅんしゃく》されて講演したときに、「中国の台湾化が起きている」というお話をしました。

世界の大きな歴史のシナリオというものをマクロで見ますと、台湾の民主化の経験は、李元総統の著作のなかでは、「中国統一のモデルをつくった」というような言い方もされています。あるいは、以前、「孫文《そんぶん》の霊言《れいげん》」（幸福の科学出版刊）を収録したときにも、孫文が、「できれば、李登輝さんのような人が中国を統治してくれればいいのではないか」というお言葉もございました。

大きな目で見ると、李元総統は、中国の民主化あるいは自由化に向けてのシナリオの一つとして役割を果たされたようにも見えるのですが、このあたりについて、ご自身ではどのように考えていらっしゃいますか。

李登輝守護霊　中国は、ヨーロッパの植民地支配、分割《ぶんかつ》統治でいっぱい取られてね、ケーキみたいに切り取られて、もうほとんど、国家としての体《たい》をなさなくなった。

それで、日本に明治維新《いしん》が起きて以降、中国も、何とか改革運動をしようと試みて、反乱とか、いろいろなことが起きてたわけだ。

まあ、映画にもなったと思うけれども、孫文は、日本に拠点《きょてん》を置いてね。香港に一時期上陸したこともあるが、ほとんどは日本にいて、日本人に匿《かくま》われ、支援《しえん》されて、資金的にも援助されながら革命運動をやっていて、日本からの中国革命、「辛亥《しんがい》革命」を起こしていった。

ご存じだと思うけれども、辛亥革命は、「三民《さんみん》主義」(民族主義・民権主義・民生《みんせい》主義)と言って、普通《ふつう》の欧米《おうべい》の民主主義とはちょっと違うかもしらんが、とにかく、ある意味での民主主義であることは間違いない。

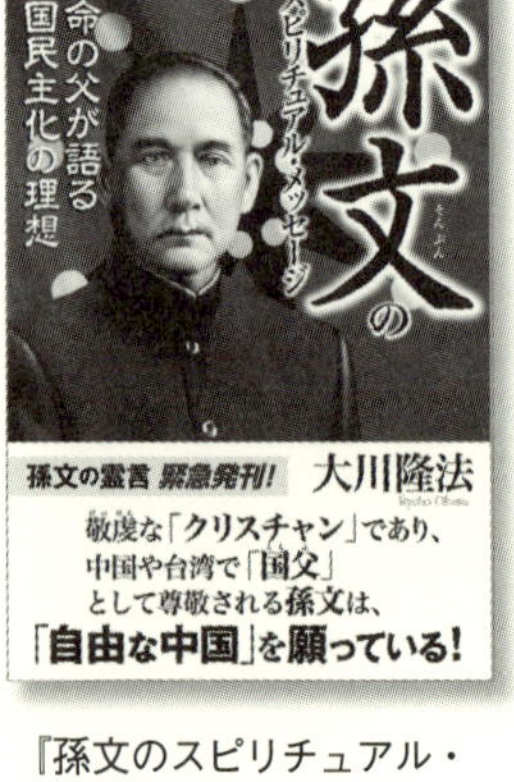
孫文のスピリチュアル・メッセージ
革命の父が語る中国民主化の理想
孫文の霊言 緊急発刊!
大川隆法
敬虔な「クリスチャン」であり、中国や台湾で「国父」として尊敬される孫文は、
「自由な中国」を願っている!

『孫文のスピリチュアル・メッセージ』(幸福の科学出版)

辛亥革命
清王朝打倒に向け、1911年から12年にかけて、各地で民主化を求める革命軍が蜂起。孫文を大総統とする臨時政府が南京に樹立した。

だから、「民《たみ》が主《しゅ》だ」という三民主義を掲《かか》げての辛亥革命だったわけで、それで中国の国ができていたら、中国は本当にデモクラシーの国になっていたはずなんでね。

それを、アメリカが実に余計なことをして、日本軍を爆撃《ばくげき》したりと、いろいろ弱らせて、日本が無条件降伏《こうふく》なんかしてしまったために、駄目になった。

あのとき、日本軍は、大陸にまだ百万から二百万近くいたんじゃないかと思うんだけど、無傷《むきず》だったんですから、ほとんどね。だから、別に負ける必要はなかったんですよ。まあ、空襲《くうしゅう》と原爆で参ったんだろう。

あの当時、「日本の本土をアメリカが占領するには、アメリカ軍も百万人は死なないとできないだろう」っていう計算が、向こうにはあったから。「百万人の死者を出してまでして、日本を占領するか」っていうことだったからね。

それで、「天皇を残してでも、降伏させたほうがいい」っていうことで、無条件降伏になってるけど、無条件じゃないよ。天皇制を残し、天皇を戴《いただ》いての国家・国体が続くことを条件に、戦争をやめさせた。「天皇の一声《ひとこえ》でやめさせた」ということでしょう？　だから、大陸の軍隊も、全部、無駄になった。

不当に日本の領土を取ったロシアは〝利子〟をつけて返せ

李登輝守護霊　ロシア領のほうは、瀬島龍三《せじまりゅうぞう》なんかが有名だろうけども、六十万人ぐらいか、窃取《せっしゅ》された。ロシアとは不可侵《ふかしん》条約を結んでて、戦争をしてなかったのに、日本が終戦したころ、突如《とつじょ》、（日本の領土を）取りにきたよね。

それから、約六十万人も捕虜《ほりょ》に取って強制労働をさせ、シベリア鉄道から、シベリア地区の開発をやらせて、大勢《おおぜい》、人が死んだよね。本当は、あの部分を補償《ほしょう》してもらわなきゃいけないぐらいだ。六十万人を捕虜にして強制徴用《ちょうよう》し、いっぱい殺されたあれから見りゃあ、北方四島なんていうのは、もう、〝利子〟を付け

●瀬島龍三〈1911 ～ 2007〉元伊藤忠商事会長。第二次大戦では大本営参謀、関東軍参謀等を務め、戦後、シベリアに 11 年間抑留された体験を持つ。

て返さないといけないほどだよ。「満州、樺太《からふと》まで一緒《いっしょ》に付けて返せ」って言ってもいいぐらいの問題だと思います。別に、あの辺りまでロシア領である必要は何もない。

ロシアっていうのは、あちらのモスクワのほうのものなんですから、こちらのアジアのほうは、もともと関係ないんです。この辺はロシアじゃないんだし、自分らが勝手に取っただけなんですね。

まあ、ちょっと取りすぎなんですよ。うんうん。だから、もう返したらいいのよ、こちらはねえ。

9　フランスは「共産主義の同類」

日本を破壊《はかい》した政治家、村山《むらやま》・河野《こうの》は〝切腹《せっぷく》〟〝打ち首〟にすべき

里村　お話をお伺《うかが》いしていますと、「日本の政治家は、あまりにも、ものを言わなすぎだ」と、つくづく……。

李登輝守護霊　いや、私が日本の総理をしたいぐらいよ、ほんと。若かったらな。

里村　いやあ、ぜひ、していただきたいものですね。

李登輝守護霊　モジャモジャ髭《ひげ》みたいな眉毛《まゆげ》を出した村山《むらやま》（富市《とみいち》）さんが、八十九で韓国《かんこく》に行って、謝罪してるのを見たら、私だって、まだ……。あれだったら、本当に日本の総理をやってみたいぐらいだ。

里村　その村山元首相が、韓国に行って、先日も、「今の安倍《あべ》政権まで、『村山談話』をずっと継承《けいしょう》している」と語っていました。この「村山談話」、あるいはまた、「河野《こうの》談話」については、どのようにするべきだとお考えになっていますか。

李登輝守護霊　もうねえ、今こそ、〝安重根《あんじゅうこん》〟が出てきて、村山を〝暗殺〟すべきときだよ（会場笑）。ああ、やっぱりやらないといかんわ。あれやれば国士《こくし》だわ。

里村　なるほど（笑）。

李登輝守護霊　まあ、生かしといたらいかんわね。長生きしすぎやわ。もうねえ、首相で日本を破壊《はかい》した段階で、〝切腹《せっぷく》〟してもらわないといかんかったね。〝打ち首〟だよね、河野と二人。ねえ？

里村　ええ、ええ。

李登輝守護霊　これは駄目《だめ》じゃないか。〝切腹〟ですよ。〝切腹〟、〝打ち首〟ですよ。当然です。

〝毛沢東《もうたくとう》の提灯《ちょうちん》持ち〟ばかりのフランスは、戦後、没落《ぼつらく》の一途《いっと》

里村　もう一点、歴史認識と絡《から》んだ国際情勢で申し上げますと、李登輝総統ご自身も、以前、フランスに入国しようとしたときに、中国との関係を優先するフランスから入国を拒否《きょひ》されたことがございました。

　そしてまた、今回、韓国の大臣がフランスの国際漫画祭《まんがさい》まで行って、「従軍慰安婦《じゅうぐんいあんふ》は事実だ」と発言し、フランス側もそれを「歴史的事実だ」としたことに対して、それに反駁《はんばく》する日本側のブースを主催者《しゅさいしゃ》側が撤去《てっきょ》させた事件がございました。

　フランスのこうしたあり方については、どのようにご覧になりますか。

『ヤン・フス
ジャンヌ・ダルクの霊言』
（幸福の科学出版）

李登輝守護霊　フランスは没落《ぼつらく》中だからね。

里村　はい。

李登輝守護霊　フランスも、ジャンヌ・ダルクとナポレオン以外に、有名な人はいないぐらいで、もう、没落の一途《いっと》ですからね。
　ドイツにいつもやられっぱなしだったしねえ。

里村　はい、そうです。

ジャンヌ・ダルク（1412～1431）
英仏百年戦争で神の啓示を受け、フランスを勝利に導いた女性。

ナポレオン・ボナパルト（1769～1821）
フランス第一帝政皇帝。軍事独裁政権でヨーロッパの大部分まで版図を広げた。

李登輝守護霊　もう、ほんと、いっつも負けるからね。いつも負けてばっかりだ。だから、それ以降、もう偉《えら》い人はいない。サルトル以下、戦後の哲学者《てつがく》たちには、“毛沢東《もうたくとう》の提灯持《ちょうちん》ち”みたいなのがいっぱい出てさあ、実際上、あんなのは、カトリックと言えんのじゃないのかねえ。

里村　ええ、ええ。

李登輝守護霊　本当に、無神論、唯物論《ゆいぶつろん》、共産主義の同類項《こう》なんじゃないか。だから、あのままで成功することはないね。やっぱり、考え方を変えないとねえ、もう。

中国の鄧小平《とうしょうへい》とかもフランス留学してるでしょう?

●サルトル〈1905 ～ 1980〉フランスの哲学者。無神論的な実存主義哲学を説く。著書『存在と無』等。

里村　そうです。

李登輝守護霊　あいつら、けっこう結びつきが強いんだよ。親和性があるのね。だからねえ、ちょっと、偽善《ぎぜん》があのなかに流れとるわなあ。うーん。「腐敗《ふはい》の大国」だわな、あれもな。腐敗してたんだよ。

「人権」を謳《うた》うフランスが王族粛清《しゅくせい》や植民地政策を行った矛盾《むじゅん》

里村　腐敗……。歴史的には、「人権宣言」を出した国ですし、あるいは、「フランス革命」ということで、燦然《さんぜん》たる地位を占《し》めようとしている国では……。

李登輝守護霊　それでは、なんで、アフリカに植民地をいっぱいつくったんだね?

里村　はい。

李登輝守護霊　「人権」って、いったいどこの人権なんだ？　フランス人の人権か？　どこの人権なの？　ねえ？

台湾《たいわん》だってねえ、国と認めてくれているところもないわけじゃないんだよ。あることはあるんだよ。全世界ではないというだけでね。

だから、もうちょっと、「人権」

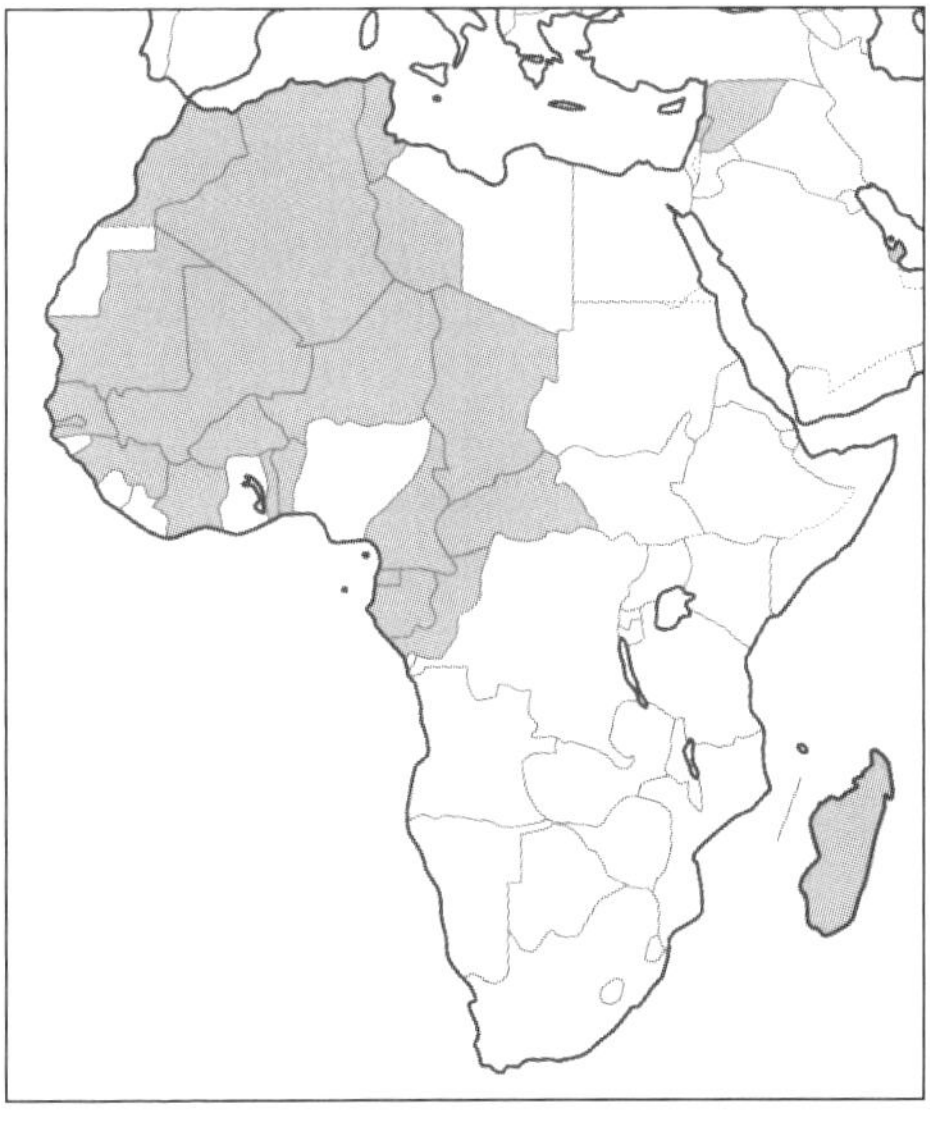

フランスの植民地となったアフリカの国々（グレー部分）

の意味を、よう考えていただきたい。

彼らは、王族を殺すことをもって「解放」だと思ってるのかもしらんけども、マリー・アントワネットを殺して、自分らが本当に幸福になったかどうか。王様を殺したけど、結局、反革命が起きて、よくなかったんでしょう？　それはもう、共産主義的な運動に近かったんでしょ、基本的には。それこそ、粛清《しゅくせい》の嵐《あらし》？　本質は、共産主義革命と一緒《いっしょ》じゃないですか。

だから、あの民主主義革命は、共産主義革命に極《きわ》めて近いものだった。

だから、帝政《ていせい》が復活してナポレオンが出てきたり、ナポレオンの二代目が出てきたりして、やっぱり、上でねえ、一人、「雲の上の人」がいてくれないと治まらないっていうか、「喧嘩《けんか》ばっかりしていたり、殺し合いばっかり続いたらよくない」っていうのがあったんでしょうけど。

それも崩《くず》れていって、まあ、共和制なんだろうけども、大統領といったって、

あれが元首なのか。あの元首は、どうにかならんのかねえ。あんなフランス●の
〝腰抜《こしぬ》け元首〟は。ええ？

里村　（笑）

李登輝守護霊　なんか、事実婚《じじつこん》をしている人が、ファーストレディーの役をしているかと思ったら。

里村　毎回毎回（笑）……。

李登輝守護霊　ねえ？「大統領が芸能界の女性なんかに手を出した。一夜を過ごした」とかいうんで、事実婚が解消になって、出ていって、それで、「ファー

●フランソワ・オランド〈1954 〜〉フランス第24代大統領。

ストレディーのように警護するのをやめる」だとか、なんか、もう、どうにかしてほしいな。人類を狂《くる》わすのは、ほどほどにしていただきたい。

10 人種差別を世界からなくした日本

日本によって「人種による違《ちが》い」が否定された

里村　今日のお話をお伺《うかが》いしたなかで出てきましたが、フランスもたくさん植民地を持ちました。イギリスもそうでございます。ドイツもそうですし……。

李登輝守護霊　うん。だから、負ける必要あったのよ、彼らが。もう人類史上、必然的に負けなきゃいけないの。

里村　必然的に？

李登輝守護霊　誰《だれ》かが負かさなきゃいけなかったんで。

里村　「その役割を担《にな》うのが日本であった」と？

李登輝守護霊　だって、ドイツに負かされただけでは駄目《だめ》でしょう？　ドイツだって植民地主義だもん（笑）。欲《ほ》しかったのは一緒《いっしょ》ですからね。

まあ、だから、日本に負かされたことによって、本当に「人種による違《ちが》い」のところが否定されたんじゃないですか。

里村　なるほど。

李登輝守護霊　やっぱり、そう思いますよ。

杉原《すぎはら》千畝《ちうね》の「命のビザ」に感じる「日本人の武士道」

里村　そうしますと、元総統の守護霊様におかれては……。

李登輝守護霊　あ、それから、ちょっとごめんね。ちょっと、割り込《こ》んで悪いけど、ヒトラー自身は、『わが闘争《とうそう》』のなかで、黄色《おうしょく》人種に対する差別をはっきり述べているからね。

里村　はい。

2010年6月2日、
ヒトラーの霊言を収録。
(『国家社会主義とは何か』
〔幸福の科学出版〕所収)

李登輝守護霊　これは、今、発禁処分になっているから、日本でしか読めないいんだろうけども、『わが闘争』のなかで、黄色人種への差別を、はっきりヒトラーは言っているから。

日本人は知っていたからね、黄色人種批判を。ヒトラーが本当は人種差別者で、ユダヤ人だけじゃなくて、日本人だって、黄色人種はみんな、本当は差別しているのは、よく知っていた。

だから、例の杉原千畝《すぎはらちうね》さん？

里村　はい。杉原千畝さん。

李登輝守護霊　「命のビザ」を出した、ああいう人も出て尊敬されているところもあるけど。

ポーランドの人からもすごく尊敬されたよね。なんか、ポーランドが分割《ぶんかつ》されてねえ、もう、国がなくなっちゃったんだよね、あのころね。国を分割されたポーランド人たちがシベリアのほうまで、みんな逃《に》げてきていたのを、日本人が助けてくれたんだよなあ。だから、ポーランドの人で日本人に感謝している人は、すごくいる。ポーランドは親日国なんだよ。だけど、日本人はほとんど知らないでいると思うけどねえ。

だから、日本人は、そういうヒトラーのドイツと同盟を結んでいても、その人種差別や、そうした不当なことに対しては、毅然《きぜん》とした態度を取っていた。これが「武士道」なんだよ。

だから、杉原さんにしても、あのままいったら、ユダヤ人がみんな、ヒトラーに殺されるのを知っているからね。「もう、最後の汽車が出るギリギリまで、手書きでビザを出し続けた」っていうねえ。

里村　はい、はい。

李登輝守護霊　もう、泣けてくるよね、あれは。同盟国だよ？　ドイツと同盟国でも、「ドイツがやっている人種政策と差別と迫害《はくがい》が間違っている」っていうことをちゃんと認識しててねえ。

（涙《なみだ》をこらえて、かすれ声になる）自分は外務省をクビになったんだからね、あのあと。そうと分かってても、（ビザを）出し続けた。やっぱり、ユダヤ人は、それを知ってるしさあ。

杉原千畝（1900 ～ 1986）
外交官。ロシア語に堪能で、ロシア正教会で受洗。1939年、リトアニアの在カウナス日本領事館領事代理となる。1940年、ポーランドからリトアニアへ逃れてきたユダヤ系難民たちが通過ビザを求め、唯一開いていた日本領事館へ殺到。杉原は外務省とソ連から非難されるも、人道的立場から独断でビザの発行を続けた。ベルリンへの異動当日までの約１カ月間、不眠不休で2000枚以上のビザを発行。数千人のユダヤ人を救った。

アメリカのなかにも、そのユダヤ人はいっぱい入ってきているんだからね。もうちょっとねえ、日本のことを大事にすべきだよ。ちゃんと言わなきゃいけないんじゃないか。

里村　はい。

李登輝守護霊　ほんと、そう思うよ。

それから、ドイツ以下、なんかソ連も入ってね、ポーランドを分割して、（国が）なくなっちゃったときのポーランド人を日本人が救ってやったところもあるけども。そういうときに、ちゃーんとした「人道主義」と「武士道精神」で正義を守ろうとした日本人がいたからね。

だから、先の第二次大戦中の日本人は立派だったんだよ。

里村　なるほど。

李登輝守護霊　十分、立派だったんだよ。

アメリカがねえ、五倍とも十倍とも言われる国力があったから、（日本は）負けたかもしれないけどもねえ。ただ、立派だったと思うよ。

「負け犬根性《こんじょう》」を教え込《こ》む教育が残念でならない

里村　話をお伺いしまして、「リーダーとしての毅然《きぜん》としたあり方」というものを、お教えいただいていると感じております。

李登輝守護霊　うん。だから、あんたがたにねえ、ほんと、もっともっと教えたいぐらい、悔《くや》しくて、悔しくて。

戦後、マスコミの洗脳を受けて、教育も全部それに変わって、敗戦教育ばっかり、ずーっと受け続けてきた。「とにかく、負け犬根性《こんじょう》だけを教え込《こ》めば、天皇の首が守れる」と思って、ずーっとやってきたような感じの教育が、ちょっと残念でならないですねえ。

ヨーロッパ諸国は「キリスト教の本質」に基《もと》づいていたのか

里村　そうした日本の常識とまったく逆で、李登輝元総統は、最近、日本のある雑誌のインタビューで、「リーダーには信仰《しんこう》が必要である」ということや、「指導者には忍耐《にんたい》力が必要だ」ということをおっしゃっていました。このへんについて、守護霊様から解説いただければと思います。

李登輝守護霊　いや、信仰は大事ですよ。信仰がなかったらねえ、まあ、私もクリスチャンということにはなっているわけだけど、「靖国参拝《やすくにさんぱい》するクリスチャン」なので、本物かどうか、ちょっと〝怪《あや》しい〟クリスチャンではある（笑）。

うーん、何て言うか、キリストの本心はねえ……。あちらも、どちらかといえば、そらあ、少数民族の、ユダヤ民族のなかで、既成《きせい》権力から迫害を受けた人が起こした宗教ですからね。

つまり、「弱者の側の宗教」なんですよ、もともとはね。それが「強者の宗教」に変わってから、だいぶ変質しているところはあるわね。

だけど、もともと、キリスト教の本質は、「愛と信仰」だと思うからさあ。その愛と信仰を説かなかったら、本物じゃないと思うんだよ。

だから、「ヨーロッパの諸国がキリスト教国だ」と言われたって、ヨーロッパの諸国がやってきたことが、神の愛や信仰に基《もと》づく行為《こうい》かどうか、アフリカ・アジアに対してやってきた事々は、正しいことだったのかどうか、よう考えたらいいよ。

オランダとは格が違《ちが》い、「当時世界最強」だった日本

李登輝守護霊　インドネシアが、オランダみたいな小国の植民地になったんでしょう？　今、二億人もの国民がいる国家だけどね。

インドネシアは、オランダに取られて植民地になった。オランダと日本とは、江戸《えど》時代に長崎《ながさき》の出島《でじま》で取引していたね。あそこは、ヨーロッパの情勢、欧米《おうべい》の情

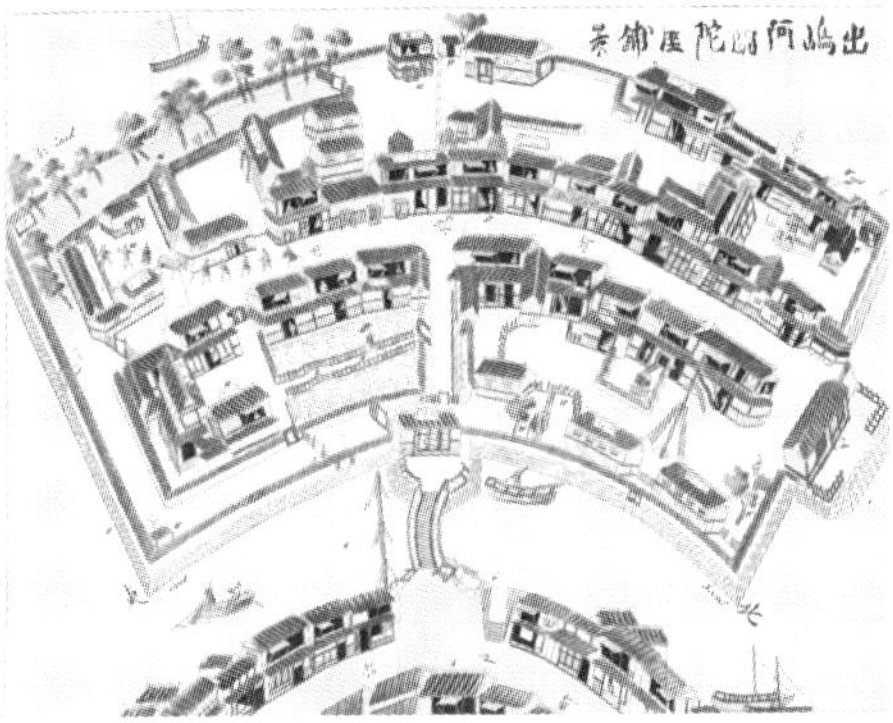

出島　江戸幕府の鎖国政策で、長崎に建造された人工島。主にオランダとの貿易窓口として使われた。

勢を伝える役割をしたけど、日本を植民地にはできなかったよね。出島のなかに置かれていた。日本がどれだけ強かったか、よく分かるでしょう?

里村　はい。

李登輝守護霊　オランダとは、全然、格が違《ちが》ったわけです。関《せき》ヶ原《はら》以降の、あのころのことを言っても、世界最強だったんですよ。軍事的に見ればね。だから、日本占領《せんりょう》なんか、とてもじゃないけど、できるような状況《じょうきょう》じゃなかったわけです。

アメリカ人が日本人を尊敬した「硫黄島《いおうとう》の戦い」

李登輝守護霊　アメリカ人だってねえ、本当は、「日本を占領したら、忍者がいっぱい出てきて、刀《かたな》で斬《き》られるんじゃないか」と、怖《こわ》くて入れなかったんだよ。

特に、「硫黄島《いおうとう》の戦い」での日本のすごさは、伝説的なものだったからね。あの怖さは。あの圧倒《あっとう》的に不利な状況であれだけ戦って、「アメリカのほうの死傷者が多かった」っていうんだよ。

艦砲射撃《かんぽうしゃげき》も一週間ぐらいやり続けたんじゃないか。「もう、生き物なんかいないんじゃないか」と思われたような状況で、「地下に穴を掘《ほ》り、いっぱい横穴を掘って四十度の温熱のなかで耐《た》えて、食料もなく戦い続けていた」っていう日本人。

硫黄島の戦い　1945年、知米派で知られた栗林忠道大将（写真左）の指揮下、兵力差５倍の米軍による硫黄島への猛攻を１カ月半にわたり防戦した。

やっぱり、戦ったアメリカ人のほうは、本当に尊敬していたんだよ。「これはすごい」っていうか、軍人として、「日本は、幾《いく》つかの戦《いくさ》をしてきていたけど、すごいな」っていう感じは持っていた。

イギリスの戦艦《せんかん》を沈《しず》め、アジアに希望を与《あた》えた日本

里村　チャーチルも称賛《しょうさん》していました。

李登輝守護霊　うーん。「すごい」と称賛したチャーチルね。「腰《こし》を抜《ぬ》かした」っていう……。戦艦《せんかん》プリンス・オブ・ウェールズを沈《しず》められたときには、「チャーチルは腰を抜かして、もう立てなくなった」っていうぐらいだけど。

いやね、「イギリスの不沈《ふちん》戦艦と言われた新鋭艦《しんえいかん》を、（日本の）航空機が爆弾《ばくだん》で爆撃してぶっ飛ばした」っていうので、アジアは、あのとき拍手喝采《はくしゅかっさい》だったんだ

からね。

「ざまあみろ」っていう感じで、インド人の欣喜雀躍《きんきじゃくやく》する姿を、あなたは、想像できるか？

いやあ、「イギリスの不沈戦艦を日本が沈めた」っていうのは、もう、うれしくてうれしくて、ガンジーなんか、もう、目玉が飛び出しそうになったんじゃねえか（会場笑）。

里村　はい。

李登輝守護霊　もう、すごいことなんだよ。

プリンス・オブ・ウェールズ　イギリス海軍の戦艦。日本軍南下を防ぐため、チャーチル首相の要請で東洋艦隊の旗艦となるが、太平洋戦争開始直後、マレー沖で日本海軍の航空機のみによる攻撃で撃沈された。

いや、「勝てるんだ、われわれでも」っていうことを思ったわねえ。

だから、全部を肯定《こうてい》しちゃいけない面もあるのかもしれないし、もちろん被害《ひがい》に遭《あ》った人もいるだろうから、一部、そういう人たちに対する配慮《はいりょ》はあってもいいとは思う。

戦後の日本の繁栄《はんえい》は、十分にアジアの諸国に対して尽《つ》くした部分はあると思うし、「この七十年間、平和を守った」っていう意味では、「世界でいちばん平和な国であった」ということは間違いないね。うんうんうん。

11　日本には中国より先に文明があった

「第二外国語」として日本語を勉強してほしい

藤井　リーダー論の続きで、もう一つ、お伺《うかが》いしたいのですが、冒頭《ぼうとう》で大川総裁は、「李登輝元総統は、台湾《たいわん》語、日本語、英語の三カ国語ができる」ということにも触《ふ》れました。

李登輝守護霊　うん。まあ、中国語もちょっとね。北京《ペキン》語もちょっとだけやっていますがね。

藤井　やはり、今後、グローバルな世界のなかで、日本であれば、日本の国益を堂々と主張できる、あるいは、それを英語でもできることが求められていくと思うのですが、国際人としての教養の条件について、何か、お考えがあればご教示いただければと思います。

李登輝守護霊　うん。まあ、これは、個人の稟質《ひんしつ》にもよるので、全員が全員には言えないことかとは思うけども、日本人が、英語があまりうまくない理由は、「日本語でほとんど用が足せる」ということが大きいとは思うのよ。

私も、日本語を学んで、本当によかったと思うよ。日本では、いろんな勉強ができるし、世界各国で出された本の翻訳《ほんやく》が読めるし、中国のことを知ろうと思えば、日本語を勉強するのがいちばんよい。日本で、中国の古代のものは勉強できるんでね。もう、本当に便利ですよ。

まあ、英語も国際語として、今、実用性がいちばん高いから、ビジネスには役に立つと思うけども、教養をつけようと思っても、英語でつけられる教養は、ここ五百年ぐらいまでの歴史しかないわね。

日本語だったら、二千年以上のところまで遡《さかのぼ》って教養がつきますので、まあ、第一外国語は英語でもいいかもしらんけど、世界の各国に、第二外国語は、ぜひ、日本語を勉強していただきたいなあと思うね。

日本が「教養の宝庫」であることを知らない欧米人《おうべい》

李登輝守護霊　アメリカが立派で強い国であることは確かだとは思う。ただ、世界の有力大学が、全部、アメリカに集まっているような言い方をしているけど、「大学」といったって、アメリカは英語だけで通しているんですから、日本で言えば、「国語」だけで済んでいる状態なんでね。日本人は英語も使ってやっていて、英語の論文の数だとか、留学生だとか、そんなのを入れたら、「活躍《かつやく》が低い」とかいうことで、日本は大学のランキングを下げられているかもしれないけども、そんなに低くないです。日本のレベルは、そんなに低くないですよ。

日本独自の発明や発見があるし、江戸《えど》時代で発明や発見をされていたことや、平安時代に「世界最初の小説」とかが書かれていたこととか、そんなのから見たら、もう、全然話にならないですよ。欧米《おうべい》の発展なんていうのは、ごく最近のことですので。

『源氏物語』
11 世紀、紫式部による王朝小説。世界最古の長編小説とも言われる（上・右：源氏物語絵巻）。

もっともっと自慢《じまん》しなきゃいけないけど、欧米人は知らないですよ。日本には、いろんな時代を経験してきた、そうした長い歴史があって、そういう、「教養の宝庫である」ということを知らないことが多いよね。

「日本は高度な文明から始まっている」という誇《ほこ》りを

李登輝守護霊　それから、「中国五千年」とか言って、日本（の歴史）は二千年ぐらいに言われているけども、日本自体はもっともっと古い歴史を持っているよ。

まあ、あなたがたの言う言葉じゃ、「ムー帝国《ていこく》の末裔《まつえい》の本流が日本だ」っていうことを言っていいし、中国のほうはムーの末裔じゃないのでね。あれは、やっぱり、ユーラシア大陸のほうの内陸部から派生《はせい》したもので分かれてきたものだと思う。

だから、韓《かん》半島、朝鮮《ちょうせん》半島の人たちは、実は中国人と日本人のハーフなんですよ、あそこにいるのは。つまり、ムー系統から来た者と、コーカサス、シベリア地方で生きていた人たちが南下してきて、住みついてきた者とのハーフの部分が韓半島にいる人たちです。だから、顎《あご》が張っているでしょう？　骨がちょっと違《ちが》うと思うけど、あれはモンゴル系の顔だと思うけどね。

だから、韓国は、日本にいろんなことを教えたような言い方をしているけども、あれは間違った歴史認識

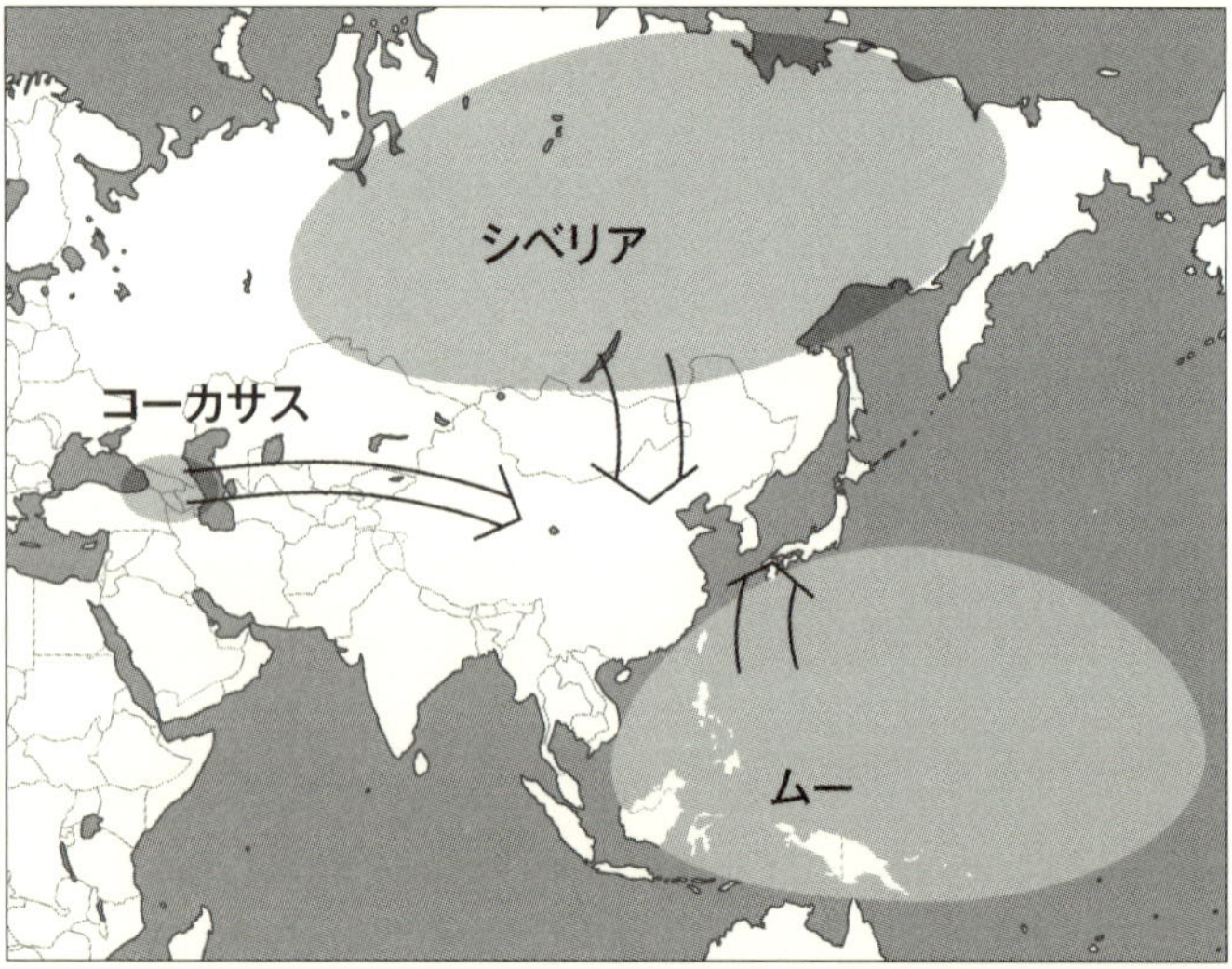

日本人、中国人、朝鮮人の源流

で、日本のほうが先に先進国としてあったんですよ。

中国の文字《もんじ》が入ってから、漢字で統一された時代もあるけども、その前の文字《もんじ》だって、日本にはちゃーんとあったし、この前の文化があるはずだから、これは、たぶん、幸福の科学でやがて明らかにされると思うけども。

先史文明があるので、「長い文明のもとが、どこから来ているか」っていうのを、もっと明らかになされたらいいと思う。「天孫《てんそん》民族」の本当の意味が、きっと分か

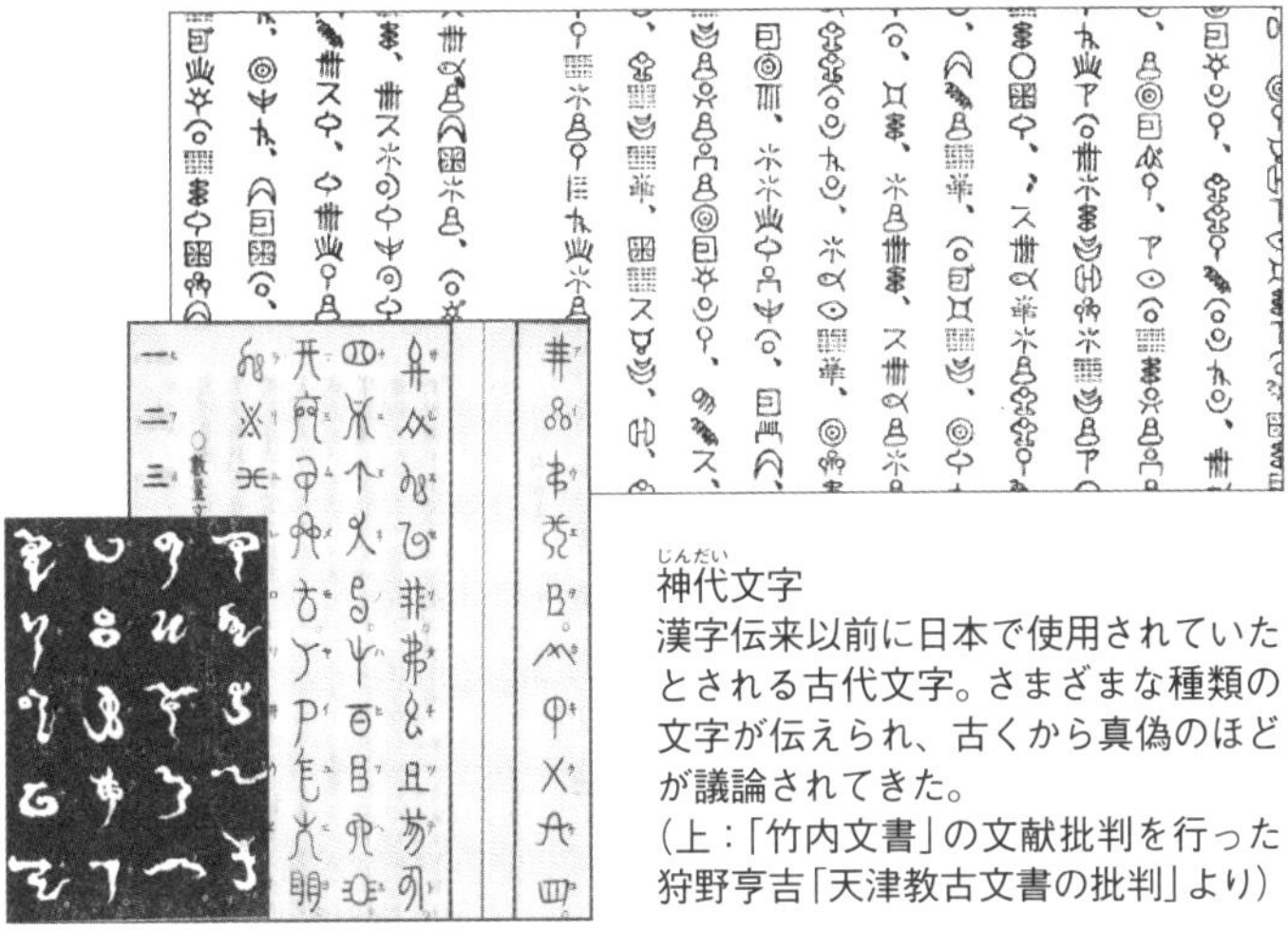

神代《じんだい》文字
漢字伝来以前に日本で使用されていたとされる古代文字。さまざまな種類の文字が伝えられ、古くから真偽のほどが議論されてきた。
（上：「竹内文書」の文献批判を行った狩野亨吉「天津教古文書の批判」より）

るはずだから。「もっともっと高度な文明から、日本は始まっているんだ」ということをきっと教えてくれると思うよ。もっと誇《ほこ》りを持ったほうがいいと思う。日本はねえ、地球儀《ちきゅうぎ》や世界地図で見たら、中国が出るのを邪魔《じゃま》しているためだけに弓なりになってあるような、うっとうしい、〝三日月形《みかづきがた》の島〟にしかすぎないんだけども、その歴史観は、実は逆で、「こちらのほうが、もともと先進国だったんだ」ということを教えてやらなきゃいけないと思うね。

12 過去世《かこぜ》は「名のある政治家・軍師」

日本での過去世《かこぜ》は武士道精神を持った「剣豪《けんごう》将軍」

里村　今日は、李登輝元総統の守護霊様から、日本人としての誇《ほこ》り、あるいは、あるべき姿を、たくさん、熱く熱く語っていただきました。最後の質問になりますが、まず一点は、守護霊様からご覧になって、今回の李登輝様の使命というのは、いったい何だったのかという点です。

そして、もう一点は、これだけ日本について熱く語られたので、おそらく、過《か》去世《こぜ》で日本に関係したことがおありだと思うのですが……。

李登輝守護霊　うん。それはある。それはあるわね。

里村　はい。最後に、李登輝元総統の使命と、そして、過去世についてお伺《うかが》いしたいと思います。お願いいたします。

李登輝守護霊　まあ、先に日本人の（過去世）を言うとすれば、足利《あしかが》幕府、十三代将軍、足利義輝《よしてる》。

里村　え？　足利義輝様で……。

（会場から、「塚原卜伝《つかはらぼくでん》が剣の師匠《ししょう》だった将軍」という声）ああ！　あの、「剣《けん》豪《ごう》将軍」と言われた……。ああ。そうですか。

李登輝守護霊　うーん。まあ、足利将軍は、ちょっと悪《あく》どいのにやられて滅《ほろ》びることにはなったけども、「武士道の鑑《かがみ》」みたいな人間だったとは思うよ。だから、足利幕府は腐敗《ふはい》してただけじゃなくて、ちゃんと武士の精神を持ってたんだ。私一人で、もう何十人も相手に斬《き》り合いをしましたからねえ。「日本のトップは武人《ぶじん》でもなきゃいけない」っていう気持ちは持ってたんでね。

里村　それで、武士道の「葉隠《はがくれ》」の精神につながっていくところが、すごくおありになるのですね。

李登輝守護霊　うん。だから、「今の日本は情けない」という気持ちは持ってるね。

●「葉隠」　江戸時代、佐賀鍋島藩藩士・山本常朝による、武士の心得をまとめた書。「武士道と云ふは死ぬ事と見付けたり」という言葉が有名。

足利義輝（1536 ～ 1565）
室町幕府第 13 代征夷大将軍。塚原卜伝の直弟子の一人として、武勇に優れた「剣豪将軍」とも称される。戦国大名の調停を行うなど、低迷する幕府の権威を回復する一方、台頭する三好一族との確執を繰り広げ、永禄の変で討たれる。二条御所における最後の戦いでは、襲撃してきた多数の敵に義輝自ら応戦し、床に刺した数々の足利家の銘刀を引き抜きながら次々と斬り倒したとも言われている。

里村　はい。「ピューリタン革命」を起こした英国での転生《てんしょう》。

李登輝守護霊　英国にも生まれたことはある。

里村　え？　英国ですか。

李登輝守護霊　うん。英国もあって、まあ、これはちょっと話が違《ちが》うかもしれないけど、「ピューリタン（清教徒《せいきょうと》）革命」みたいなのを起こしたことはある。

里村　え？　クロムウェル様ですか。おお！

オリバー・クロムウェル（1599 ～ 1658）
イングランド共和国の初代護国卿。チャールズ１世の専制政治に反対したクロムウェルらの清教徒を中心とする議会派が、1649年、国王を処刑して共和国を樹立。政治・軍事・宗教を統合した、一種の神政政治を目指し、司法制度の改善、社会の風紀の改善、教育の奨励、宗教界の刷新等の大改革を行ったが、独裁的であるとして国民の不興を買い、死後、王政が復活した。

李登輝守護霊　うん。だから、ちょっと話が変わるので、つながらないとは思うけども、まあ、意外に、そういうピューリタンなところもあることはある。

里村　確かに、やや惰弱《だじゃく》に流れた王政に対して、大きく改革を入れられましたね。

李登輝守護霊　うん。そうそうそう。だから、けっこう質実剛健《しつじつごうけん》な面もあるんだけどね。

里村　はい。そうでございますか。

李登輝守護霊　うーん。

李登輝としての最後の遺言《ゆいごん》は「日本よ、国家たれ！」

里村　たいへんな歴史の秘密をお教えいただきましたが、そういう方が、今回、お生まれになったからには、もちろん、いろいろな役割、使命がおありだと思います。

今回は、どのような使命を持って、お生まれになったのでしょうか。

李登輝守護霊　まあ、使命を果たしたかどうか、ちょっと分からない部分は……。

里村　いえいえ、大きいとは思うのですが。

李登輝守護霊　うーん。やっぱり、もう、最後の遺言《ゆいごん》だなあ。これは最後の遺言だけど、「日本よ、国家たれ！」って言い遺《のこ》すのが最後の遺言かな。

里村　今回は、そういうお役割が大きかったと……。

李登輝守護霊　うーん。まあ、ちょっと悔《くや》しい。悔しいねえ。私は、先の大戦で、日本があんな負け方をするのは賛成じゃなかった。今の中国が狙《ねら》ってるけど、実は、日本にこそ、アジアの、「太平洋圏《けん》の覇者《はしゃ》」になってほしかったのでね。うーん、ちょっと悔しい。

里村　それを望まれるということは、やはり、高天原《たかまがはら》の神様のお一人でいらっしゃるということでしょうか。

李登輝守護霊　まあ、そのへんについては、さすがに黙《だま》っといたほうがいいんじゃないかと思うので。

里村　はい。今のところは、まだ、「李登輝元総統」でいらっしゃいますから。

李登輝守護霊　うーん。そこまでは言わないほうがいいんじゃないですか。たぶん、言わないほうがいいんじゃないかとは思うけどね。

三国志《さんごくし》時代には軍師として劉備玄徳《りゅうびげんとく》に仕えた

里村　今日は、われわれ現代の日本人に対しても、たくさんの熱い熱いメッセージを頂きまして……。

李登輝守護霊　もちろん、中国にも生まれたことがあるよ。昔の中国にはね。

里村　ええ。どの時代の中国でしょうか。

李登輝守護霊　あなたがたが好きな三国志《さんごくし》の時代の、例の劉備玄徳《りゅうびげんとく》に、軍師が二人いただろ？

里村　はい。あ、龐統《ほうとう》。

李登輝守護霊　龐統。うん、あれが私の過去世だ。

龐統（178頃～213頃）
後漢の武将。呉の周瑜と交わり、赤壁の戦いでは曹操軍に潜入して偽策を授け、呉・蜀側に勝利をもたらす。周瑜の死後は、諸葛孔明と並ぶ軍師として劉備に仕える。益州攻略の際には劉備に三策を進言。連戦連勝をもたらすが、その途上、流れ矢に当たり、不慮の死を遂げた。

里村　ああ。そうですか。今まで、龐統様がどなたか分からなかったのです。

李登輝守護霊　うん。あれが私の過去世です。まあ、だから、あんまり勝ってないかもしれないけどね。

里村　いえいえ。

李登輝守護霊　負けたのも多いから（笑）……。まあ、ちょっと〝あれ〟なんだけど（注。以前のリーディングでは、過去世が龐統だと名乗った者もいる。『オリオン座のウルフマンとベガ星の神がつくったスーパービーイング』〔宗教法人幸福の科学刊〕第1章参照）。

13 台湾《たいわん》の人々へのメッセージ

台湾《たいわん》は「日本を応援《おうえん》し、日本についていくべき」

饗庭　すみません。少しお伺《うかが》いしたいのですが……。（饗庭直道《あえばじきどう》　幸福実現党調査局長〔全米共和党顧問《こもん》〕が、会場から質問者席へ移動）

今日のこの霊言《れいげん》は、台湾《たいわん》の方々も聴《き》かれると思うのです。ですから、先生の目から見て、今、台湾にいるみなさまがたへのメッセージをお願いいたします。

李登輝守護霊　ああ、台湾ね。なるほど。それは必要なことかもしれないねえ。

いやあ、日本が、韓国《かんこく》とか北朝鮮《きたちょうせん》とか中国からいじめられて、中共《ちゅうきょう》からいじめられてるんだったら、台湾は、もうちょっと日本を応援《おうえん》してやってほしいですね。やっぱり、私は、日本についていったほうがいいと思うなあ。基本的には日本についていくべきだと思います。アメリカもありますけども、やっぱり、アメリカは、最終的には欧米《おうべい》の味方ですからね。

アメリカが「日本への歴史認識の偏見《へんけん》」を反省しない理由

李登輝守護霊　（アメリカは）日本に対する偏見《へんけん》の部分について、反省してないよね。だから、歴史認識では、韓国《かんこく》や中国と同じだよ。日本を、悪い国で、ヒトラー的な国にしないと、自分たちのやったことを正当化できないからね。

ちょうど、今のＮＨＫの経営委員か？　何とかっていう小説家の人が……。

里村　百田尚樹《ひゃくたなおき》さんですね。

李登輝守護霊　そうそうそう。東京大空襲《だいくうしゅう》のこととか、「南京《ナンキン》大虐殺《だいぎゃくさつ》はなかった」とか言って、物議《ぶつぎ》を醸《かも》しているようだけどもねえ。まあ、アメリカも、そこを否定されると、日本を攻撃《こうげき》した正当性がなくなるんだろうし、ハワイの真珠《しんじゅ》湾《わん》奇襲《きしゅう》攻撃だって、一週間前から知ってたからさあ。

実際は知ってたのに、自分たちの身内を犠牲《ぎせい》にして、三千人近くの人を死なせてまで戦争を始めたかったのは、ルーズベルトだからね。知ってたんだよ。知ってて、空母だけはちょっと隠《かく》してた。

それは戦争に入るためで、ほら、イギリスが、ドイツから助けてほしくてね。

あれは、もうほとんどドイツに降伏《こうふく》寸前だっ

『原爆投下は人類への罪か？』
（幸福実現党）

たからねえ。アメリカに参戦してもらわなきゃ、イギリスは潰《つぶ》れてたから、どうしてもアメリカを引き入れなきゃいけなかった。

それに、ドイツをやっつけるためには、やっぱり、ソ連に開戦させて、ヒトラーと戦わせる必要があったけど、ソ連をヨーロッパに引きつけるためには、日本軍に後ろから襲《おそ》われたんではたまんない。大陸には二百万人もの軍勢がいたのでね。これが全部、シベリアから攻《せ》め込《こ》まれたら、ソ連はドイツと戦えなくなるから、日本とは、「戦わない」っていう協定（日ソ中立条約）を結んでた。

だから、そのへんは複雑に組み合わさっているんだけど、大陸にいた日本の軍隊も、本当は余ってたんだから、もし、ソ連が攻撃を開始する前に、もし、ヒトラーがやられる前に、日本がソ連を攻撃してたら、事態はだいぶ変わってたとは思うね。

里村　はい。

李登輝守護霊　だから、アメリカが言ってる、「東京大空襲と、それから広島・長崎《ながさき》の原爆《げんばく》は、真珠湾の奇襲攻撃、『スニーキー・アタック』や南京大虐殺、従《じゅう》軍慰安婦《ぐんいあんふ》、その他、日本の残虐行為《こうい》のすべての『カルマの刈《か》り取り』のためにやったんだ」っていう言い訳があるんだけども、歴史検証で、これが全部逆になった場合、アメリカにとっては、〝ベトナム戦争パート2〟で、もう一つ前が出てくることになる。

　ベトナムの一般《いっぱん》の農民をいっぱい殺してしまってね。もう、枯葉剤《かれはざい》を撒《ま》いて、火炎《かえん》放射器で焼いて、ナパーム弾《だん》を落として焼け野原にして、農民たちを殺したことへの罪悪感を、アメリカ人はものすごく持ってるから。あれ以降、アメリカ人の間では、マリファナから、もう、いろんなものが流行《はや》って、犯罪と非行に走り、みなが、そうやって精神を麻痺《まひ》させないといられないような国になってきたよね。

あれのもう一段前から始まるわけだからね。そこを何とか避《さ》けたいと思ってるんだろうけど、でも、これは、いずれ、明らかになってくると思うよ。

だから、ここの部分については、「ヒトラーも顔負けのことをやってるんだ」ということは間違《まちが》いない。もしかしたら、ヒトラーだって、原爆は落とさなかったかもしれないから。ロンドン空襲はしたけど、原爆は落としてないからさあ。

あれは日本にしか落とさなかった。朝鮮半島にさえ落とさなかったんですからね。だから、あれは、「人類史上の最大の汚点《おてん》」でしょうな。

もし、日本という国を理解し、日本の歴史を正当に理解してたら、落とせなかったと思う。

この十年で「対中国防衛」と「歴史の見直し」の流れが来る

饗庭　軍師としての目でご覧になって、このまま、台湾は、ある意味での独立を保つことができるのでしょうか。それとも、中国に呑《の》み込まれていくのでしょうか。そして、その場合は、それを避けるための打つべき手や、あるいは、われわれ幸福の科学グループができることなどはございますでしょうか。

李登輝守護霊　いや、幸福の科学さんが考えてるとおりでいいと思いますよ。そのとおりでいいと思います。

だから、中国の、他民族を侵略《しんりゃく》してる部分をクローズアップして（笑）、〝クローズアップ現代〟してもらったらいいんですよ。自分らのことは蓋《ふた》をして、何も報道せず、明らかにしないのに、日本の過去だけは、一生懸命《いっしょうけんめい》に、悪いことがあったように捏造《ねつぞう》して、それを全部報道して、世界中に言って回ってるんでしょう？　あの韓国とか中国あたりは。

もう、これを全部、クローズアップして、「実際は人権弾圧が行われて、（他民族が）どんなに不幸な目に遭《あ》ってるか」ということを明らかにするだけで、世界の目は全部変わってくるし、「中国の支配が世界に広がっていいわけではない」ってことさえ分かれば、これが世界に広がろうとしていることに対して、みんなが阻止《そし》する方向に動くと思う。

里村　はい。

李登輝守護霊　あのベトナムだって、本当は、アメリカに勝った共産主義国なんですけど、実は、そのベトナムやフィリピンまでが、オーストラリアも含《ふく》めて、対中国防衛に入ってる。それで、「アメリカは信用し切れないから、日本にもっと頑張《がんば》ってほしい」っていう動きが出始めてるわけです。

おそらくは、このへんで、先の大戦が、もう一回見直される流れになると思いますよ。「日本がやろうとしたことは正しかったのではないか」っていうことがね。

（日本軍が）フィリピンからアメリカを追い出して、別に何も悪いことはなかったんです。そのとおりですよ。アメリカがフィリピンを取る理由なんて、何にもなかったんで、たぶん、歴史の見直しが起きると思う。

こういうことが、この十年ぐらいの間に、いろんなかたちで起きてきて、「やっぱり、中国の拡張は相成《あいな》らない」っていう動きが出てくると思うので、あんたがたの戦いが、それをリードすることになると思いますね。

村山富市《むらやまとみいち》氏と河野洋平《こうのようへい》氏は「〝断頭台《だんとうだい》〟に立つべきだ」

李登輝守護霊　だから、フランス（国際漫画祭《まんがさい》）みたいな、あんな扱《あつか》いは不当ですよ。

里村　はい。

李登輝守護霊　あんなのは、もう本当に、無知もいいところですよ。

それに、日本の政府も情けないわね。あっち（韓国）は政府がかかわってやってるのに、こっちのフランス大使館は何をやってるの？

広尾《ひろお》にある日本のフランス大使館は、増改築をやって、マンションに半分〝切り売り〟してたみたいやけど。マンションの敷地《しきち》で金儲《かねもう》けに入っとったようだけど、よっぽど金がないんだろうね。

本当に、日本のフランス大使館の大使は、いったい何をしてた？　ああいうのに対しては、抗議《こうぎ》して、阻止すべきだったと思いますね。

だから、ちょっと、世界に分かるようにするために、やっぱり、あの村山《むらやま》（富《とみ》市《いち》）と河野《こうの》（洋平《ようへい》）は、〝断頭台《だんとうだい》〟に立つべきだと思います。絶対に吊《つ》るして、その〝吊るした姿〟を世界に放映すべきだと思いますね。

里村　はい。

李登輝守護霊　あのオウム教と一緒《いっしょ》に並べたほうがいいよ。同じようなことをしたから。

里村　はい。分かりました。

正しいことは「正しい」と言わなければいけない

里村　本日は、本当に貴重な、熱い熱いメッセージを、われわれ日本人に頂戴《ちょうだい》いたしました。そしてまた、私たちも、これからの十年間で歴史の見直しにかかり、結果的には、中国の暴走が止まるように頑張ってまいりたいと思いますので、これからも、ご指導のほど、よろしくお願いいたします。

李登輝守護霊　あのねえ、やっぱり、武士道に生きた先祖を、そういう獣《けだもの》みたいに扱うやつらは、断じて許しちゃいかんと思いますよ。

里村　はい。

李登輝守護霊　そんなやつらと一緒にされたらたまらないわ。まあ、私は、靖国《やすくに》神社の信者であるわけじゃないけども、やっぱり、正しいことは「正しい」と言わなきゃいけないと思いますね。

里村　はい。分かりました。頑張ってまいります。

李登輝守護霊　はい、はい。

里村　今日はありがとうございました。

14　李登輝氏の守護霊霊言《れいげん》を終えて

韓国《かんこく》の朴槿恵《パククネ》大統領は「正しい客観的な歴史認識」を

大川隆法　（二回、手を叩《たた》く）ああ、なるほど。朴槿恵《パククネ》さんが、この霊言《れいげん》について、「断固、阻止《そし》したい」と言うだけのことはあります。植民地だった国のことを他の国から言われたら、嫌《いや》でしょうね。

里村　ええ、同じ立場の国から……。

大川隆法　これは嫌な攻撃《こうげき》でしょう。昨日《きのう》から、「邪魔《じゃま》したい」と言っていました……。

私は、「大統領の生霊《いきりょう》が来るようになったのだから、偉《えら》くなったのだろうか。出世したのだろうか」と考えたりもしましたが、当会の「THE FACT《ザ　ファクト》」程度の情報をキャッチして、やってくるのですから、本当に恐《おそ》れ入ります。

「こちら（韓国《かんこく》）のすることを、あちこちで邪魔している。漫画祭《まんがさい》のときも邪魔しに来たし、●橋下《はしもと》市長と慰安婦《いあんふ》の面会も邪魔した。

今回もまた、『THE FACT』で、何かやろうとしているし、〝悪《わる》さ〟をたくさんしている。〝元凶《げんきょう》〟は幸福の科学であって、その元をたどれば、全部、大川隆法が裏から糸を引いている。これが〝諸悪《しょあく》の根源〟だ」と。あちらから見れば、そういうことであるらしいのです。

そして、「これを早く殺せ」と言っていました。向こうの願いは、「早く死んでくれるのが、いちばんよい」というもので、「長生きさせると、ろくなことがな

●慰安婦面会問題　2013年5月、「従軍慰安婦だった」と称する女性2名が、大阪・橋下市長との面会を予定していたが、面会予定日の数日前に、彼女たちの守護霊霊言が収録され、真実が明らかになると、彼女たちは面会をキャンセルした。（『神に誓って「従軍慰安婦」は実在したか』〔幸福実現党刊〕参照）

い」と言っていたようです。「元首相が謝《あやま》りに来ているのに、なんだ、裏で糸を引きおって」というようなことを言っていたのです。

しかし、「歴史認識」をあれだけ言うのなら、「正しい客観的な歴史認識」で言っていただきたいものです。

日本が台湾《たいわん》に対してやったことについて、先ほど、李元総統の守護霊は、はっきりと感謝してくれましたが、韓国には、朝鮮《ちょうせん》半島に対して日本がやったことについての感謝は、何もありません。いろいろなことを、たくさんやったのですが。このへんについては、普通《ふつう》ではない面が、やはりあるように感じます。考え方が少し歪《ゆが》んでいます。

里村　朝鮮統治も含《ふく》めて、正しい知識をしっかりと啓蒙《けいもう》できるように、頑張《がんば》ってまいります。

日本に「次のもの」が必要な時期が来ている

大川隆法　当教団の勢力が大きくなって、海外にも支部が増えるとともに、やはり、幸福実現党がきちんと〝実体〟を持つことが大事でしょう。

早く、本当に、公明党に代わって幸福実現党が連立政権をつくれるようにならなくては、駄目《だめ》なのではないでしょうか。「幸福実現党の敗北」は、そのまま、「現状の歴史認識の維持《いじ》」ということになるはずです。

ただ、社会党が潰《つぶ》れて社民党になり、その社民党も消えかかっていて、そちらの系統は、みな、崩《くず》れていっている流れにありますし、民主党も、やはり壊《こわ》れていっている流れにあります。また、日本維新《いしん》の会もうまくいきませんし、みんなの党もうまくいかない状況《じょうきょう》なので、「次のもの」が必要な時期に来ていると思います。

最近の流れはすごく速く、「バーッと流行《はや》ったあと、ストーンと落ちる」ということが、繰《く》り返し起きているので、「下がったものが上がり、時代が急回転する」ということが起きるのではないかと思うのです。

吉田松陰《よしだしょういん》が死刑《しけい》になったのは、明治維新の八、九年前で、当時は明治維新など予想できなかったでしょうが、十年もたたずして引っ繰り返りました。「安政《あんせい》の大獄《たいごく》」で、吉田松陰も殺されましたし、橋本左内《はしもとさない》も殺されましたが、まさか、十年以内に、あのようになるとは、思わなかったでしょう。

かつての「維新の志士」たちが、数多く現代に生まれ変わって出てきているのを見れば、「何か、明治維新のようなものが、きっと近づいている」と思ったほうがよいのではないでしょうか。

「巨大《きょだい》な幕府には絶対に勝てない」と思ったのに、それが引っ繰り返っていったように、今、「欧米《おうべい》中心の価値観には絶対に勝てない」と思っていることが、引っ繰り返ってくるかもしれません。

里村　一日も早くそうなるように、頑張ってまいります。

大川隆法　そうですね。「THE FACT」あたりで、韓国の大統領が恐れをなして……。あんな〝ちっちゃな〟メディアでね（笑）。

里村　（苦笑）

大川隆法　いや、「もし日本人が食いついてきたら、どうしようか」と、やはり思うのでしょう。

里村　これからも、「歴史の真実」を、鋭《するど》く攻《せ》めてまいります。

大川隆法　頑張りましょう。

質問者一同　ありがとうございました。

あとがき

「昔の日本人は立派だった」「あなた方の先祖は偉かった」と言って下さる外国の元・元首が生きておられるということ自体が奇蹟のようだ。詐欺師《さぎし》まがいの元・売春婦の言葉と、この清廉《せいれん》にして豪気《ごうき》な鉄血宰相《さいしょう》の言葉のどちらを信じるかなど、迷う余地はない。

私の霊言集の中でも白眉《はくび》の一冊ともいえる本書は、全政治家、全マスコミ人、政治を語る全ての人々にぜひとも読んで頂きたい。教育関係の人々にも読んで頂きたい。そして、夜、心が弱くなった時には、安倍首相にも繰り返して読んで頂きたい一書である。

二〇一四年　二月十八日

幸福《こうふく》の科学《かがく》グループ創始者兼総裁《そうししゃけんそうさい》　大川隆法《おおかわりゅうほう》

『日本よ、国家たれ！　元台湾総統 李登輝守護霊 魂のメッセージ』

大川隆法著作関連書籍

『マルクス・毛沢東のスピリチュアル・メッセージ』（幸福の科学出版刊）

『安重根は韓国の英雄か、それとも悪魔か』（同右）

『NHK新会長・籾井勝人守護霊 本音トーク・スペシャル』（同右）

『従軍慰安婦問題と南京大虐殺は本当か？

——左翼の源流 vs. E. ケイシー・リーディング』（同右）

『孫文のスピリチュアル・メッセージ』（同右）

『ヤン・フス ジャンヌ・ダルクの霊言』（同右）

『国家社会主義とは何か』（同右）

『韓国 朴正熙元大統領の霊言』（幸福実現党刊）

『神に誓って「従軍慰安婦」は実在したか』（同右）
『吉田松陰は安倍政権をどう見ているか』（同右）
『韓国 李明博大統領のスピリチュアル・メッセージ』（同右）
『中国と習近平に未来はあるか』（同右）
『バラク・オバマのスピリチュアル・メッセージ』（同右）
『台湾と沖縄に未来はあるか？』（同右）
『原爆投下は人類への罪か？』（同右）

※左記は書店では取り扱っておりません。最寄りの精舎・支部・拠点までお問い合わせください。
『オリオン座のウルフマンとベガ星の神がつくったスーパービーイング』
（宗教法人幸福の科学刊）

日本《にほん》よ、国家《こっか》たれ！
元台湾総統《もとたいわんそうとう》 李登輝《りとうき》守護霊《しゅごれい》 魂《たましい》のメッセージ

2014年2月25日　初版第1刷

著　者　　大《おお》 川《かわ》 隆《りゅう》 法《ほう》

発行所　　幸福の科学出版株式会社
〒107-0052 東京都港区赤坂2丁目10番14号
TEL(03)5573-7700
http://www.irhpress.co.jp/

印刷・製本　株式会社 東京研文社

落丁・乱丁本はおとりかえいたします

ISBN978-4-86395-444-1 C0030
Photo: Getty Images/ 時事 /SACU/The Canadian Pres

大川隆法ベストセラーズ・国家の気概を取り戻す

政治と宗教の大統合
今こそ、「新しい国づくり」を

国家の危機が迫るなか、全国民に向けて、日本人の精神構造を変える「根本的な国づくり」の必要性を訴える書。

1,800円

国を守る宗教の力
この国に正論と正義を

国防と経済の危機を警告してきた国師が、迷走する国難日本を一喝！ 日本を復活させるための正論を訴える。
【幸福実現党刊】

1,500円

平和への決断
国防なくして繁栄なし

軍備拡張を続ける中国。財政赤字に苦しみ、アジアから引いていくアメリカ。世界の潮流が変わる今、日本人が「決断」すべきこととは。
【幸福実現党刊】

1,500円

※表示価格は本体価格（税別）です。

大川隆法 ベストセラーズ・「幸福の科学大学」が目指すもの

比較宗教学から観た「幸福の科学」学・入門

性のタブーと結婚・出家制度

同性婚、代理出産、クローンなど、人類の新しい課題への答えとは? 未来志向の「正しさ」を求めて、比較宗教学の視点から、仏陀の真意を検証する。

1,500 円

「現行日本国憲法」をどう考えるべきか

天皇制、第九条、そして議院内閣制

憲法の嘘を放置して、解釈によって逃れることは続けるべきではない― 。現行憲法の矛盾や問題点を指摘し、憲法のあるべき姿を考える。

1,500 円

恋愛学・恋愛失敗学入門

恋愛と勉強は両立できる? なぜダメンズと別れられないのか? 理想の相手をつかまえるには? 幸せな恋愛・結婚をするためのヒントがここに。

1,500 円

未来にどんな発明があるとよいか

未来産業を生み出す「発想力」

日常の便利グッズから宇宙時代の発明まで、「未来のニーズ」をカタチにするアイデアの数々。その実用性と可能性を分かりやすく解説する。

1,500 円

幸福の科学出版

大川隆法 霊言シリーズ・最新刊

守護霊インタビュー
駐日アメリカ大使
キャロライン・ケネディ
日米の新たな架け橋

先の大戦、歴史問題、ＪＦＫ暗殺の真相……。親日派とされるケネディ駐日米国大使の守護霊が語る、日本への思いと日米の未来。

1,400円

クローズアップ
国谷裕子キャスター
ＮＨＫの"看板"を霊査する

ＮＨＫは公正中立な「現代を映す鏡」なのか？「クローズアップ現代」国谷キャスターの知られざる本心に迫る。衝撃の過去世も次々と明らかに！

1,400円

軍師・黒田官兵衛の霊言
「歴史の真相」と「日本再生、逆転の秘術」

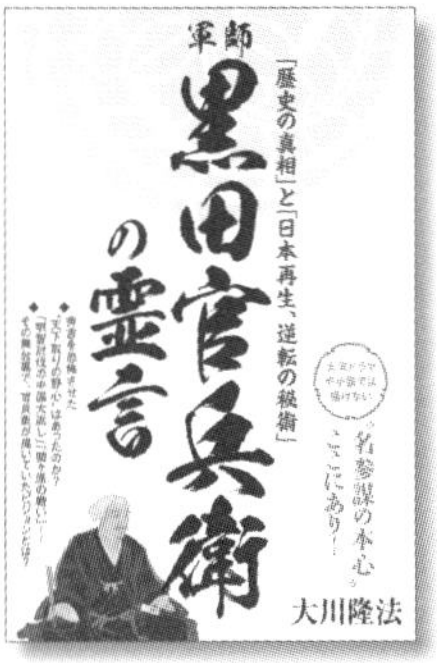

大河ドラマや小説では描けない、秀吉の天下獲りを支えた天才軍師の実像が明らかに！ その鋭い戦略眼が現代日本の行く末を読む。

1,400円

幸福の科学出版

幸福の科学グループのご案内

宗教、教育、政治、出版などの活動を通じて、地球的ユートピアの実現を目指しています。

宗教法人 幸福の科学

一九八六年に立宗。一九九一年に宗教法人格を取得。信仰の対象は、地球系霊団の最高大霊、主エル・カンターレ。世界百カ国以上の国々に信者を持ち、全人類救済という尊い使命のもと、信者は、「愛」と「悟り」と「ユートピア建設」の教えの実践、伝道に励んでいます。

（二〇一四年二月現在）

愛

幸福の科学の「愛」とは、与える愛です。これは、仏教の慈悲《じひ》や布施《ふせ》の精神と同じことです。信者は、仏法真理をお伝えすることを通して、多くの方に幸福な人生を送っていただくための活動に励んでいます。

悟り

「悟り」とは、自らが仏の子であることを知るということです。教学《きょうがく》や精神統一によって心を磨き、智慧《ちえ》を得て悩みを解決すると共に、天使・菩薩《ぼさつ》の境地を目指し、より多くの人を救える力を身につけていきます。

ユートピア建設

私たち人間は、地上に理想世界を建設するという尊い使命を持って生まれてきています。社会の悪を押しとどめ、善を推し進めるために、信者はさまざまな活動に積極的に参加しています。

国内外の世界で貧困や災害、心の病で苦しんでいる人々に対しては、現地メンバーや支援団体と連携して、物心両面にわたり、あらゆる手段で手を差し伸べています。

年間約３万人の自殺者を減らすため、全国各地で街頭キャンペーンを展開しています。

公式サイト www.withyou-hs.net

ヘレン・ケラーを理想として活動する、ハンディキャップを持つ方とボランティアの会です。視聴覚障害者、肢体不自由な方々に仏法真理を学んでいただくための、さまざまなサポートをしています。

公式サイト www.helen-hs.net

INFORMATION

お近くの精舎・支部・拠点など、お問い合わせは、こちらまで！

幸福の科学サービスセンター

TEL. 03-5793-1727 （受付時間 火〜金：10〜20時／土・日：10〜18時）

宗教法人 幸福の科学 公式サイト happy-science.jp

教育

学校法人 幸福の科学学園

学校法人 幸福の科学学園は、幸福の科学の教育理念のもとにつくられた教育機関です。人間にとって最も大切な宗教教育の導入を通じて精神性を高めながら、ユートピア建設に貢献する人材輩出を目指しています。

幸福の科学学園

中学校・高等学校（那須本校）

2010年4月開校・栃木県那須郡（男女共学・全寮制）

TEL **0287-75-7777**

公式サイト **happy-science.ac.jp**

関西中学校・高等学校（関西校）

2013年4月開校・滋賀県大津市（男女共学・寮及び通学）

TEL **077-573-7774**

公式サイト **kansai.happy-science.ac.jp**

幸福の科学大学（仮称・設置認可申請予定）

2015年開学予定

TEL **03-6277-7248**（幸福の科学 大学準備室）

公式サイト **university.happy-science.jp**

仏法真理塾「サクセスNo.1」 TEL **03-5750-0747**（東京本校）

小・中・高校生が、信仰教育を基礎にしながら、「勉強も『心の修行』」と考えて学んでいます。

不登校児支援スクール「ネバー・マインド」 TEL **03-5750-1741**

心の面からのアプローチを重視して、不登校の子供たちを支援しています。
また、障害児支援の**「ユー・アー・エンゼル!」**運動も行っています。

エンゼルプランV TEL **03-5750-0757**

幼少時からの心の教育を大切にして、信仰をベースにした幼児教育を行っています。

シニア・プラン21 TEL **03-6384-0778**

希望に満ちた生涯現役人生のために、年齢を問わず、多くの方が学んでいます。

NPO 活動支援

学校からのいじめ追放を目指し、さまざまな社会提言をしています。また、各地でのシンポジウムや学校への啓発ポスター掲示等に取り組むNPO「いじめから子供を守ろう！ネットワーク」を支援しています。

公式サイト **mamoro.org**

相談窓口 **TEL.03-5719-2170**

ブログ **mamoro.blog86.fc2.com**

政治

幸福実現党

内《ない》憂《ゆう》外《がい》患《かん》の国難に立ち向かうべく、二〇〇九年五月に幸福実現党を立党しました。創立者である大川隆法党総裁の精神的指導のもと、宗教だけでは解決できない問題に取り組み、幸福を具体化するための力になっています。

党員の機関紙
「幸福実現NEWS」

TEL 03-6441-0754
公式サイト hr party.jp

出版メディア事業

幸福の科学出版

大川隆法総裁の仏法真理の書を中心に、ビジネス、自己啓発、小説など、さまざまなジャンルの書籍・雑誌を出版しています。他にも、映画事業、文学・学術発展のための振興事業、テレビ・ラジオ番組の提供など、幸福の科学文化を広げる事業を行っています。

アー・ユー・ハッピー？
are-you-happy.com

ザ・リバティ
the-liberty.com

幸福の科学出版
TEL 03-5573-7700
公式サイト irhpress.co.jp

THE FACT

ザ・ファクト
マスコミが報道しない
「事実」を世界に伝える
ネット・オピニオン番組

Youtubeにて
随時好評配信中！

ザ・ファクト　検索

入会のご案内

あなたも、幸福の科学に集い、
ほんとうの幸福を
見つけてみませんか？

幸福の科学では、大川隆法総裁が説く仏法真理をもとに、
「どうすれば幸福になれるのか、また、
他の人を幸福にできるのか」を学び、実践しています。

入会

大川隆法総裁の教えを信じ、学ぼうとする方なら、どなたでも入会できます。入会された方には、『入会版「正心法語」』が授与されます。（入会の奉納は1,000円目安です）

ネットでも**入会**できます。詳しくは、下記URLへ。
happy-science.jp/joinus

三帰《さんき》誓願《せいがん》

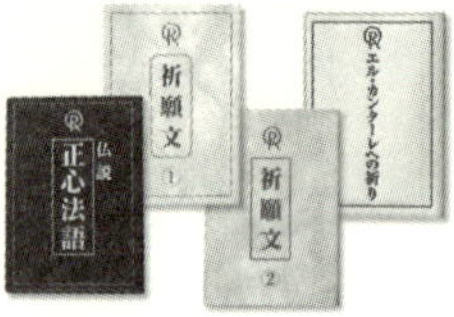

仏弟子としてさらに信仰を深めたい方は、仏・法・僧の三宝への帰依を誓う「三帰誓願式」を受けることができます。三帰誓願者には、『仏説・正心法語』『祈願文①』『祈願文②』『エル・カンターレへの祈り』が授与されます。

植福《しょくふく》の会

植福は、ユートピア建設のために、自分の富を差し出す尊い布施の行為です。布施の機会として、毎月1口1,000円からお申込みいただける、「植福の会」がございます。

「植福の会」に参加された方のうちご希望の方には、幸福の科学の小冊子（毎月1回）をお送りいたします。詳しくは、下記の電話番号までお問い合わせください。

月刊「幸福の科学」

ザ・伝道

ヤング・ブッダ

ヘルメス・エンゼルズ

INFORMATION
幸福の科学サービスセンター
TEL. 03-5793-1727（受付時間 火～金：10～20時／土・日：10～18時）
宗教法人 幸福の科学 公式サイト **happy-science.jp**